O ESTADO DE NARCISO

A marca FSC® é a garantia de que a madeira utilizada na fabricação do papel deste livro provém de florestas que foram gerenciadas de maneira ambientalmente correta, socialmente justa e economicamente viável, além de outras fontes de origem controlada.

EUGÊNIO BUCCI

O Estado de Narciso

A comunicação pública a serviço da vaidade particular

1ª reimpressão

Copyright © 2015 by Eugênio Bucci

Grafia atualizada segundo o Acordo Ortográfico da Língua Portuguesa de 1990, que entrou em vigor no Brasil em 2009.

Capa
Alceu Chiesorin Nunes

Preparação
Manoela Sawitzki

Índice remissivo
Luciano Marchiori

Revisão
Ana Maria Barbosa
Márcia Moura

Dados Internacionais de Catalogação na Publicação (CIP)
(Câmara Brasileira do Livro, SP, Brasil)

Bucci, Eugênio
O Estado de Narciso : A comunicação pública a serviço da vaidade particular / Eugênio Bucci. — 1ª ed. — São Paulo : Companhia das Letras, 2015.

ISBN 978-85-359-2539-5

1. Comunicação pública 2. Imprensa 3. Meios de comunicação 4. Mídia e política I. Título.

15-00150   CDD-302.23

Índice para catálogo sistemático:
1. Comunicação pública   302.23

[2016]
Todos os direitos desta edição reservados à
EDITORA SCHWARCZ S.A.
Rua Bandeira Paulista, 702, cj. 32
04532-002 — São Paulo — SP
Telefone: (11) 3707-3500
Fax: (11) 3707-3501
www.companhiadasletras.com.br
www.blogdacompanhia.com.br
facebook.com/companhiadasletras
instagram.com/companhiadasletras
twitter.com/cialetras

A Mary e Bruno, desprendimento e verdade.

*Sem o saber, deseja a si mesmo e se louva,
cortejando, corteja-se; incendeia e arde.*

Ovídio*

A comunidade política conduz, comanda, supervisiona os negócios, como negócios privados seus, na origem, como negócios públicos depois, em linhas que se demarcam gradualmente. O súdito, a sociedade, se compreendem no âmbito de um aparelhamento a explorar, a manipular, a tosquiar nos casos extremos. Dessa realidade se projeta, em florescimento natural, a forma de poder, institucionalizada num tipo de domínio: o patrimonialismo, cuja legitimidade se assenta no tradicionalismo — é assim porque sempre foi.

Raymundo Faoro**

---

* *Metamorfoses*, Livro III, versos 425 e 426, em tradução de Raimundo Nonato Barbosa de Carvalho. Disponível em: <http://www.usp.br/verve/coordenadores/raimundocarvalho/rascunhos/metamorfosesovidio-raimundocarvalho.pdf>. Acesso em: 3 jul. 2014.
** *Os donos do poder: formação do patronato político brasileiro*. 7 ed. Rio de Janeiro: Globo, 1987 (primeira edição: 1958), p. 733.

Sumário

Agradecimentos 11
Apresentação: Narcisocracia 13
Introdução: O Leviatã e seus balangandãs 19

PARTE 1 — Conceito reto: o que é (e o que não é) comunicação pública
1. Contra a permissividade semântica 39
2. Contra interesses pessoais ou corporativos 49
3. Tecida a malha do conceito (ou a cada coisa o nome devido)................................. 63

PARTE 2 — As emissoras públicas e sua razão de ser
4. As públicas, as estatais e o que as separa 73
5. Exemplos e contraexemplos pelo mundo 84
6. Regulação e sociedade democrática 94
7. O caso da TV Cultura 101
8. O caso da TV Brasil 112

9. A palavra "entretenimento" e as cinco bandeiras
   estéticas da TV pública 118
10. Ainda uma palavra sobre independência 125

PARTE 3 — Uma voz anacrônica
11. A locução que silencia a notícia 131
12. Promoção pessoal em voz alta 137
13. Os ouvidos têm que "engolir" 147

PARTE 4 — A publicidade invade
14. A numeralha de Maracangalha 155
15. A lei, ora, essa letra vã e inócua 165
16. Propaganda oficial, proselitismo e desinformação..... 169
17. Governar é anunciar 173
18. Implicações éticas 179

PARTE 5 — Aproximações entre a gestão pública da
cultura e o jornalismo
19. Arroz integral na política 191
20. O republicano antirrepublicano 196
21. Um modo de (não) pensar e a cultura anticultural 200
22. Que tal um pouco de "jornalismo jornalístico"? 206

Conclusão 213

Notas.. 227
Índice remissivo 239

Agradecimentos

Este livro foi originalmente apresentado como tese de livre-docência na Escola de Comunicações e Artes da Universidade de São Paulo (ECA-USP), em novembro de 2014. Agradeço aos professores Maria Victória Benevides, Mayra Gomes, Celso Lafer, João Sayad e Luís Augusto Milanesi, integrantes da banca, pela leitura atenta e pelos comentários críticos.

A redação de *Estado de Narciso* não teria sido possível sem a ajuda da jornalista Ana Paula Cardoso. Ela se dedicou a reunir pesquisas, relatórios e anotações que venho realizando há alguns anos sobre o assunto, além de artigos que escrevi em revistas e jornais. Ana checou e atualizou todos os dados, indo outra vez às fontes primárias, bem como agrupou o material em blocos temáticos, dos quais nasceram os primeiros rascunhos dos capítulos que podem ser lidos nestas páginas. Devo muito a ela, à sua doçura e à sua competência.

Ruan de Sousa Gabriel, quando meu estagiário em 2012 e 2013, realizou pequenas reportagens complementares, que eliminaram lacunas informativas e revelaram casos novos que comprovam a vigência cada vez mais escancarada do que chamei de "Estado de Narciso". A Ruan, meus melhores agradecimentos. Agradeço também a Ana Helena Rodrigues, minha estagiária em 2014, pela revisão atenta e detalhista dos originais.

Apresentação
Narcisocracia

Não há muito mais como disfarçar. A comunicação pública no Brasil virou um palanque partidário, um negócio lucrativo, uma passarela para a vaidade particular e, sem exagero nenhum, uma arma a serviço da guerra eleitoral. Como isso aconteceu? Por quê? E, olhando para o futuro, o que poderia ser feito para corrigir o curso das coisas?

Este livro foi escrito a partir dessas perguntas. Há algum tempo, venho convivendo de perto com cada uma delas. Primeiro, na teoria. A partir do final da década de 1990, estudei a televisão brasileira no meu doutorado, na Escola de Comunicações e Artes da Universidade de São Paulo (ECA-USP), o que me ajudou a compreender um pouco melhor o lugar das emissoras públicas na democracia contemporânea — um lugar que, por ironia ou descaso, simplesmente não existe na sociedade brasileira.

Logo depois disso, passei à prática. Em janeiro de 2003, assumi o posto de presidente da Radiobrás, em Brasília. Fixei residência no Planalto Central e, lá, pude ver in loco o modo pelo qual o poder se acomodou ao uso privado (e vaidoso) dos recursos públicos de comunicação. Pude olhar nos olhos de burocratas, funcionários e autoridades impassíveis e coniventes, pude ver como eles fingiam — e fingem — não ver a deformação que estava — e está — em curso. Na mesma época, fui conselheiro da Associação de Comunicação Educativa Roquette Pinto (Acerp), responsável pela TVE do Rio de Janeiro, hoje tão defunta como a velha Radiobrás (entre o final de 2007 e o início de 2008, as duas se fundiram para dar origem à EBC, estatal que incorporou a própria TVE, a *Voz do Brasil* e a TV Brasil, entre várias outras emissoras e serviços, numa única empresa pública). Também na Acerp, testemunhei a luta de bons (e raros) profissionais de televisão e rádio para livrar essas instituições do clientelismo, do aparelhamento, do cabide de emprego e do governismo festivo.

Alguma coisa esses escassos profissionais conseguiram mudar. Eles têm seus méritos e conquistaram pequenas vitórias. O quadro geral da comunicação pública no Brasil, porém, continua basicamente o mesmo. Modificou-se, talvez, a aparência de um ou outro anel; os dedos permanecem lá, são os mesmos de sempre.

Continuei com a mesma opinião quando, em 2007, voltei a morar na capital paulista. No começo daquele ano, fui eleito conselheiro da Fundação Padre Anchieta, controladora da TV Cultura de São Paulo. Passei a integrar, então, uma entidade seguramente mais aberta e mais arejada que suas congêneres, mas, também ali, a vontade do governo (nesse caso, o paulista) impera, ainda que num estilo menos descarado.

A comunicação pública no Brasil não vai bem de jeito nenhum. Além das emissoras ditas públicas, há o festim bilionário da propaganda de governo (federal, estaduais e municipais), o instrumento preferido dos políticos para fazer a promoção de seus interesses partidários sem o menor disfarce. A publicidade oficial veio se transformando, de duas décadas para cá, numa nova e abundante fonte de recursos que comparece diariamente ao caixa dos mais diversos órgãos de comunicação social, sejam as redes nacionais de televisão, sejam pequenos jornais do interior. Para benefício de quem? Do cidadão? De modo algum. Para benefício exclusivo dos que já se acham recostados nos espaldares do Poder Executivo.

Voltemos então às perguntas com as quais eu abri esta apresentação. Como isso aconteceu? Por quê? O que poderia ser feito para corrigir o curso das coisas?

Neste livro, dirigido aos gestores públicos de boa-fé, aos comunicadores, aos jornalistas, aos profissionais de marketing e aos cidadãos interessados, pretendo enfrentá-las e respondê-las. Ao longo do texto, procurei evitar a linguagem dos especialistas e os jargões acadêmicos. Quando necessário, vou ao detalhe do detalhe e lido com conceitos complexos, mas sempre com o objetivo de torná-los acessíveis, menos obscuros. Os abusos que vêm ocorrendo na comunicação pública brasileira lesam os direitos de cada um dos cidadãos deste país e devem ser do conhecimento de todos. Somente aí, quando a sociedade tiver consciência das práticas abusivas, que são muitas, elas cessarão.

Que o Estado brasileiro se comunica bastante com a sociedade, ninguém desconhece. Os poderes da República — o Executivo, o Legislativo e o Judiciário — têm emissoras próprias de rádio e televisão, e não apenas no âmbito federal. Governos estaduais, assembleias legislativas e mesmo prefeituras e câmaras de vereadores também dispõem de canais de televisão para, segundo argumentam, melhorar a sua interação com os eleitores. E fazem mais. Difundem publicidade paga em todo tipo de veículo comercial, como jornais, revistas, rádios, TVs e sites na internet. O Estado, no Brasil, faz de tudo para que seus recados batam nos olhos e nos ouvidos da nossa gente. Faz de tudo para aparecer.

É o Estado emissor: proclama, enuncia e emite as mensagens. Quanto a ouvir, escutar, receber reclamações da sociedade, nada feito. Aí, ele se fecha. O seu parque de equipamentos midiáticos e de publicidade oficial, um complexo que só faz aumentar a cada ano, serve para uma comunicação unilateral, típica da propaganda mais conservadora, que monologa sem se abrir ao diálogo.

A tal "comunicação pública" brasileira, de pública mesmo, não tem quase nada. Ela é doutrinária, isso sim. Não se pauta pela discrição ou pela moderação. Numa palavra, é exibicionista. A tal ponto que é o caso de perguntar: será mesmo que podemos falar, nesse sentido, em "comunicação pública"? Pode-se chamar de "pública" essa usina de propaganda ideológica?

A resposta é não. Via de regra, a comunicação a que chamamos de pública é um palanque armado para turbinar a pretensão eleitoral de parlamentares, governantes e até desembargadores e ministros dos tribunais superiores que — alicerçados na visibilidade que conseguem graças a seus próprios departamentos de "comunicação pública", alguns deles dotados de canais de rádio e TV — partem para voos "mais altos", como gostam de dizer. Esse palanque é partidário. Também por isso, não se pode dizer que seja público.

Além de palanque, a comunicação dita pública se converteu num negócio privado — e muito lucrativo, cujos orçamentos se multiplicam exponencialmente. As empresas especializadas nesse ramo — um dos que mais crescem dentro da indústria da mídia — ganham poder de influência na vida política. Seus dirigentes viram conselheiros de prestígio nos palácios, seus funcionários faturam altos cachês e seus donos embolsam lucros estonteantes.

Foi assim que a comunicação a que chamamos pública assumiu a forma de uma passarela continental em que desfilam, trajando modelos renovados para cada estação, os egos narcisistas desses personagens sorridentes a quem também chamamos públicos. Mas a metáfora da passarela não é suficiente para descrever o nosso objeto, pois a "comunicação pública" brasileira é, mais do que tudo isso, um empreendimento bélico. Posta a serviço da vaidade dos políticos, subordinada ao apetite de um negócio de monta, conduzida pela ambição eleitoral dos partidos instalados no poder, a supermáquina da comunicação oficial, em nosso país, age como uma força militar em guerra imaginária para conquistar mentes e corações da plateia.

A meta desse armamento poderoso é dominar a opinião do público. Ela trabalha contra o espírito crítico do cidadão e, consequentemente, contra o melhor sentido desse adjetivo feminino, *pública*. Trabalha para dirigir o pensamento social e para inibir a independência conceitual do indivíduo. Não presta contas ao interesse público e não atende o direito à informação da sociedade. Não é pública. Ela é outro bicho.

Para contribuir com a compreensão e a crítica desse bicho, e, se possível, para ajudar o cidadão a domá-lo, este livro se apresenta agora ao leitor — ou ao público que merece, ainda, ser chamado de público. É aos direitos dos cidadãos — não ao narcisismo dos governantes — que a comunicação pública, digna desse adjetivo, deve estar subordinada. Para esse público, em homenagem a ele, foi escrito *O Estado de Narciso*.

Introdução
O Leviatã e seus balangandãs

A GUERRA CARNAVALESCA

A cada ano, no Brasil, o dinheiro público financia planos bilionários para tomar de assalto e adestrar a vontade dos cidadãos. O ritmo das investidas vai se acelerando, progressivamente. A intensidade aumenta. Às vezes, são ataques rápidos e focados, como numa guerrilha. Em outras temporadas, ocorrem mobilizações grandiosas, que sincronizam artilharias de terra, mar e ar, em avanços maciços, capazes de ocupar diversos espaços simultaneamente. Táticas múltiplas se combinam para produzir uma resultante de amplo espectro, ubíqua, que desconhece diferenças de gênero, classe social, idade, religião, e acaba alvejando os brasileiros onde quer que eles estejam, na Serra Gaúcha ou na floresta de Rondônia. A propaganda de governo sabe agir rápido, como um relâmpago, assim como sabe manter um bombardeio por semanas a fio. Dispara em todas as direções, com todo tipo de tecnologia, e não gosta que ninguém lhe escape.

O fogo cerrado, porém, é dissimulado. Ou melhor, é um fogo

cerrado que não gosta de ser visto como tal. Bem brasileiro. Prefere posar de serviço informativo e, se não for pedir demais, prefere ser visto como um festejo, como fogos de artifício. Não contente em dizer que é alegre e ao mesmo tempo útil, gosta de ser o objeto do desejo dos olhares da nação. Suas mensagens multicoloridas, aparentemente inofensivas, esmeram-se em ser chamativas, tanto que, em matéria de estridência, competem com as mais barulhentas propagandas de supermercados, de automóveis ou de peças de lingerie. Não obstante a parafernália de luzes e efeitos visuais, pretendem ser vistas como edificantes e bem-comportadas. Não querem se passar por fúteis ou supérfluas. Usam sua pirotecnia faraônica para assumir um tom de exaltação, benfazejo, cujo propósito oficial seria celebrar a nacionalidade e com ela se confundir.

Nesse ponto, podemos comparar a histrionice das peças da publicidade de governo à persona balouçante de Carmen Miranda, piscando os olhinhos, requebrando os quadris, marota e espevitada. O bamboleio da comunicação oficial — tendo na vanguarda a publicidade de governo — exala assim uma impostação patriótica, nacionalista, cívica, que não se vexa em folclorizar o que seriam os bons instintos da gente brasileira. Por trás dos balangandãs, porém, o que temos aí é uma potência bélica que não desperdiça munição. Ela atira para fazer adeptos. E os faz.

Seu corpo malemolente, com adereços auriverdes, dá botes certeiros. Tem um estilo inconfundível de atacar, numa sequência de dois movimentos bem encadeados. Primeiro, procura seduzir os corações com o auxílio de técnicas de identificação emocional. Depois, trata de convencer as mentes, por meio de um proselitismo piegas, deliberadamente piegas, repetindo que os governantes têm a alma acolhedora e o cérebro competente: são estadistas geniais.

Em suma, a engrenagem de promoção de autoridades é mais ou menos como um tanque de guerra fantasiado de carro alegórico esfuziante, em apoteose carnavalesca ininterrupta. Ela não vê os brasileiros como foliões livres, mas como presas. Em sua alça de mira, os brasileiros são alvos de guerra. Isso mesmo: de guerra. No Brasil do presente, todos os governos, sem uma única exceção, em todos os níveis — federal, estadual ou municipal —, acreditam que vivem uma guerra.

No imaginário dos gabinetes de todas as instâncias do Poder Executivo — todas mesmo é bom saber —, governar é travar o combate das palavras e das imagens. O inimigo de costume é a imprensa, naturalmente. Se os jornais realçam os defeitos do poder público, a comunicação oficial vem para dar cobertura às pretensas virtudes do mesmo poder. Ao se imaginarem bombardeados durante as 24 horas do dia pelas manchetes dos jornais, os governantes e seus assessores julgam agir em legítima defesa e, com base nesse sofisma, encontram a legitimidade imaginária para lançar mão de recursos públicos para defender o ponto de vista de um partido ou de uma coalizão partidária. À custa do erário, vale repetir. Travam sua guerra desigual, em que o campo de batalha e o território em disputa são um só: a consciência de cada habitante do país.

A vitória dessa campanha militar empreendida no imaginário nacional não vem de uma vez. A derrota, logicamente, também não. Uma e outra se apresentam aos pedaços, como se fossem os capítulos de uma novela interminável. Primeiro, a derrota ou a vitória se manifestam nas quedas ou nas elevações da popularidade do governo nas pesquisas de opinião. De modo mais duradouro, a vitória ou a derrota se consolidam nas urnas, mas, mesmo aí, são sempre temporárias, transitórias, revogáveis. A guerra não tem fim — tem apenas vitórias perecíveis.

Para abastecer essa disputa interminável são gastos os milhões e milhões de reais da propaganda governamental no Brasil. O objetivo geral é fazer com que a situação derrote a oposição nas próximas eleições, estejam elas agendadas para o semestre que vem ou para daqui a quatro anos. Tudo para que o governo nunca deixe de ser governo.

PROPAGANDA ELEITORAL O ANO INTEIRO

Comprovar essa verdade é fácil. Podemos comprová-la a olho nu. Embalada por jingles açucarados, camuflada pelo uso de convocações que aparentam beneficiar o povo ("vacine o seu filho", "matricule-se na escola", "visite o novo hospital do seu bairro" etc.), a publicidade dos governos é o prolongamento da propaganda eleitoral por outros meios. O que requer um engenho um tanto malicioso das autoridades.

Veicular propaganda eleitoral por outros meios, com dinheiro público, é uma atividade que exige os préstimos de intrincados malabarismos jurídicos, além de um pouquinho de desfaçatez. É preciso contrariar o espírito da lei e fazer de conta que tudo é pelo bem da pátria. A legislação que disciplina as eleições restringe o período legal de propaganda dos candidatos a poucos meses a cada dois anos. Quanto a isso, a norma é taxativa. Como bem sabe o eleitor, as eleições municipais (para prefeito e vereadores) e as eleições gerais (quando são eleitos governadores, senadores, deputados federais e o presidente da República) se alternam em intervalos de dois anos. Segundo a lei, apenas durante o período eleitoral — que é de poucos meses a cada dois anos —, os partidos podem ir às televisões e às rádios para anunciar seus candidatos. Logo, qualquer divulgação de candidatos que não respeite esse período deveria ser considerada ilegal.

Deveria, claro, no futuro do pretérito. No presente, e na vida real, a conversa é outra. A comunicação de governo burla esse limite como se dele nunca tivesse tido notícia e põe no ar, durante o ano inteiro, propaganda eleitoral pura e simples, sob a alegação um tanto avoada, e recorrente, de que está apenas informando o povo. A campanha eleitoral fora do período eleitoral age por meio de subterfúgios. Ela visa produzir no eleitorado uma predisposição de fundo, um vínculo de simpatia aos futuros candidatos que o governo, no devido tempo, irá apresentar à sociedade.

Os indícios desse fato, ou mesmo suas evidências maiúsculas, não cessam de se manifestar. Nada mais parecido com os filmes do horário eleitoral (esses que são exibidos às vésperas das eleições gerais ou das municipais) do que os filmes que promovem as realizações de governo (e que estão no ar o tempo todo). As semelhanças não são simples semelhanças — elas são a prova de um vaso comunicante que faz de duas coisas aparentemente separadas uma coisa só, unificada. Essas semelhanças são a evidência de que existe entre esses dois corpos aparentemente separados uma corrente sanguínea comum. Como linguagem, como narrativa, como estética, os filmes do horário eleitoral e os filmes de propaganda governamental pertencem à mesma categoria: têm a mesma retórica, a mesma semântica, as mesmas imagens e, quase sempre, são realizados, concebidos, dirigidos e editados pelas mesmas equipes de profissionais. Não raro, pelas mesmas pessoas físicas.

Basta olhar. Uma campanha oficial de prevenção da aids, por exemplo, é menos uma campanha de saúde pública e muito mais uma campanha para provar que aquele governo é tão preocupado com a saúde do povo que até faz campanha de prevenção da aids. Ela se destina não apenas aos que estão expostos a riscos de contágio: acima disso, ela se destina — e é planejada com esse pressuposto e com essa finalidade — a todos os eleitores, indistintamente. As campanhas de prevenção da aids protegem antes a imagem do governo e só depois as pessoas em situação de risco.

Para assegurar que a mensagem provoque os efeitos desejados, os mesmos roteiristas que cuidam da campanha governamental depois cuidarão da outra, da campanha eleitoral. Uma e outra não são entidades distintas, desconectadas, mas fases de um mesmo discurso, que guardam entre si um forte nexo de sentido, quase de causa e efeito. A assinatura do governo, ao final das mensagens publicitárias oficiais, é um dos elementos desse nexo de sentido. Observe. Invariavelmente, no arremate de cada peça publicitária, lá está a logomarca do governo de turno, que passa a ser, então, o dono, o proprietário simbólico do benefício descrito na mensagem. Isso vale para as campanhas de saúde, de educação, de reformas econômicas, de assistência social, para o que quer que seja. Na publicidade oficial, portanto, a utilidade pública é o pretexto para que a promoção dissimulada da imagem da autoridade ajude a reeleição do agrupamento político que já está no poder.

É desse modo que, na sua face mais reluzente, mais alegórica, a comunicação de governo é a guerra imaginária sem armistício.

As armas de guerra não param por aí. Na sua epopeia em causa própria, os governos contam com um arsenal extra. Além de difundir publicidade paga em veículos comerciais, lançam mão de outros exércitos. Sem cerimônias, a maior parte deles se aproveita das emissoras públicas sob seu comando direto ou indireto para reforçar suas táticas de assalto à consciência do eleitor. Salvo poucas exceções, o orçamento dessas emissoras ligadas a governos no Brasil vem crescendo a taxas bem acima da inflação. São chamadas de públicas, mas, na prática, são apenas governamentais — e, sendo governamentais, deveriam ser públicas, mas não são: são apenas partidárias. Se analisadas em conjunto, as emissoras "públicas" sob controle de governos e as campanhas de publicidade oficial, com verbas crescentes, formam a maior máquina de propaganda partidária em atividade no Brasil.

Essa máquina é antes de tudo ilegítima. Para começar, porque emprega o dinheiro dos impostos — que pertence a todos, indistintamente — em favor de poucos, aqueles poucos que se beneficiam dos interesses partidários (que podem ser também econômicos, religiosos, familiares, pessoais, dependendo das configurações dos agrupamentos políticos) instalados no poder. Se há um território no Brasil em que o patrimonialismo ainda resiste, intocado, esse lugar é a comunicação governamental, o segmento mais encorpado e mais rico do campo geral da comunicação dita pública no Brasil. Se há um campo em que recursos e equipamentos públicos são apropriados por alguns a serviço de finalidades privadas, esse é, por excelência, a comunicação governamental. A nossa "comunicação pública", hoje, é uma modalidade muito especial de comunicação privada.

Privada, em primeiro lugar, porque sua veiculação acontece principalmente na forma de publicidade comercial, ou seja, na forma de anúncios pagos, em veículos privados. Privada, em segundo lugar, porque ela almeja alcançar fins privados (fins partidários são, por definição, fins privados). Nessa modalidade de comunicação privada, o único elemento verdadeiramente público é o recurso que a financia. Também por isso, chamá-la de pública é coonestar a impostura que ela encerra. Silenciar diante dela também é coonestá-la.

E, no entanto, silenciamos. Por quê?

Este livro defende o princípio de que ao Estado cabe fornecer as informações às quais a sociedade tem direito, sem direcionamentos subliminares intencionais. O Estado não deveria ter autorização, ainda que tácita, para incorrer no desvio de constranger a formação da opinião e da livre vontade dos eleitores. Para que a democracia flua com algum grau de espontaneidade, o debate das ideias deve se ancorar na esfera da sociedade civil, a salvo daqueles que aparelham a máquina pública com a intenção de interferir na gênese do pensamento dos indivíduos. Caso não haja esse cuidado, é como se a experiência dos totalitarismos não tivesse servido para nada. A ordem democrática requer que o Estado observe não a neutralidade, posto que ela não é mensurável nos termos da lei, mas o dever constitucional da impessoalidade. Onde o Estado se arvora a agir como parte no debate das ideias, promovendo algumas doutrinas (e mesmo pessoas) e fustigando outras, o princípio da impessoalidade naufraga e a liberdade corre perigo. A consciência dos cidadãos é a fonte da democracia e deveria também ser a sua instância mais respeitada. Jamais deveria ser instrumentalizada pela brutalidade de governantes que partidarizam a máquina pública em benefício próprio.

O PATRIMONIALISMO NA ERA DO ESPETÁCULO

Não são poucos os políticos brasileiros, alguns de boa-fé, que argumentam que a distorção do uso de verba pública para promoção das autoridades é uma falha, sem dúvida, mas não seria assim tão grave. Teríamos, segundo eles, problemas mais urgentes com que nos preocupar. Estão enganados. Sem negar a extensa agenda das urgências e das calamidades nacionais, não se pode concordar com a tentativa de negligenciar a gravidade do narcisismo incrustado na comunicação pública. O assunto não apenas não é periférico, como constitui um dos mais graves obstáculos estruturais contra a vigência dos princípios republicanos e democráticos de nossa sociedade, além de ser muito antigo e renitente. Esse obstáculo aprendeu a se modernizar na forma e nos procedimentos — para se preservar em seu anacronismo essencial.

O expediente de aparelhar os equipamentos e os recursos públicos para fins de convencimento partidário é um traço atávico da tradição política brasileira. As novas tecnologias não o revogaram. Ao contrário: deram a ele novo fôlego.

Atualmente, esse obstáculo estrutural conseguiu se fixar no funcionamento institucional do Estado com ares de normalidade, o que aumenta sua gravidade e complexidade, pois soube se adaptar com maestria às características da cultura globalizada, que uns chamam de era da imagem e outros, de era do espetáculo. Dá no mesmo. O que interessa não são as características gerais dessa era, mas o modo como elas se acoplaram ao velho patrimonialismo, que se refestelou na cultura globalizada do espetáculo como se estivesse em casa.

A partir do século XX, praticamente todos os regimes de governo, fossem eles de viés autoritário, totalitário ou democrático, assimilaram a máxima de que governar tinha virado sinônimo de fazer propaganda. Governar passou a ser sinônimo de gerar uma estética que emulasse as virtudes do próprio governo. Sabidamente, o desvio da estetização do Estado não foi inventado anteontem; ele parece acompanhar, desde sempre, a própria invenção do aparelho estatal ou ainda das instituições rudimentares que só mais tarde dariam origem ao Estado.

Na modernidade e na chamada pós-modernidade, esse desvio ganhou uma conformação histórica própria, até atingir seu ápice maligno em Estados mais ou menos totalitários, num arco que se inicia com o nazismo, o fascismo e o stalinismo, e desemboca em desdobramentos como o maoismo e outros descendentes de viés medíocre. Para além dos extremos, a vertente da estetização de governos, e também de Estados, comparece, embora em menor grau, a todos os regimes políticos na nossa era.

É óbvio que a hipertrofia da promoção de autoridades no Brasil não é de corte totalitário. Ela não tem muito a ver com fascismo ou com os regimes de partido único. Mas é óbvio, também, que essa hipertrofia não fortalece a democracia: a prática da promoção da autoridade com verbas públicas rebaixa e mesmo renega a cultura democrática. Podemos dizer que a promoção da autoridade com dinheiro público, no Brasil, embora não abrigue um germe fascista ou totalitário no interior da máquina estatal, semeia uma mentalidade afeita a privilégios.

Nessa matéria, as nações que vêm de uma história de democracia duradoura e estável levam uma grande vantagem sobre o Brasil. Elas desenvolveram formas de atenuar a estetização gerada pela comunicação de governo e a promoção das autoridades. Nas principais nações europeias, nos Estados Unidos e no Canadá, entre outros países, os governantes estão impedidos de mandar e desmandar nas emissoras públicas, que foram protegidas dessa interferência nociva graças a marcos legais mais modernos que os nossos. Além disso, o volume de dinheiro público investido em publicidade governamental é proporcionalmente muito menor e o proselitismo não corre solto como aqui. A cultura democrática fincou raízes profundas nessas sociedades, naturalizando-se nos hábitos e na rotina das instituições e dos cidadãos, de tal modo que um governante enfrentará no mínimo críticas mais ácidas e mais consistentes caso incorra no desvio de usar dinheiro público para promover publicamente seus interesses pessoais.

No Brasil, infelizmente, esses sistemas de contrapeso, de contenção, ainda não foram suficientemente desenvolvidos. Nem aqui, nem no nosso continente. Vários dos países da América do Sul (e também da América Central) padecem de males bem mais sérios. Alguns deles ainda convivem com uma institucionalização incipiente e instável, estando além disso vulneráveis a solavancos, golpes ou a tentativas de perpetuação de pessoas ou famílias no poder, ao arrepio do princípio da alternância. A tradição autoritária ainda respira à vontade em nações de relevo na América do Sul, onde o culto da personalidade dos caciques encontra terrenos mais propícios. Ambientes assim, é claro, abrem muitas comportas para que o abuso de autoridade na comunicação oficial possa se expandir sem maiores preocupações.

Na América do Sul, e também no Brasil, há abusos exemplares. Os serviços públicos são frequentemente convertidos em logomarcas atraentes, dotadas de um valor imaginário equiparável ao de mercadorias banais. A imagem do governo é trabalhada publicitariamente como fator identitário, usurpando funções culturais, estatizando vínculos que não deveriam ser estatais. Em outros países do nosso continente, vemos que a imagem do governo, construída pelo marketing e pela publicidade, consegue ser uma referência capaz de localizar os indivíduos em sua própria história, fornecendo os laços imaginários para a coesão entre os indivíduos.

Naturalmente, quando esse tipo de indústria da ideologia governista encontra espaço para alargar seus domínios, mesmo que em regimes em que vigora o estado de direito, dá-se um esvaziamento da cultura de democracia. Quando os regimes democráticos são mais frágeis, quando não dispõem de vacinas contra essa natureza de distorções, o estrago é ainda maior.

Essa escola de doutrinação em massa despolitiza a sociedade, põe em marcha uma comunicação dita política que esvazia a política propriamente dita. Em lugar de dar visibilidade e clareza aos direitos, essa doutrinação governista ocasiona o inchaço das relações de consumo no interior do espaço político. Aí, potencializadas pela cultura do consumo, a idolatria e mesmo a veneração, às vezes quase religiosa, ganham espaço.

Assim, esse padrão de comunicação transforma os direitos políticos em objetos de consumo ou objetos de adoração. Estimula o cidadão a não mais se ver como fonte genuína do poder, pois o interpela como se ele fosse um consumidor das dádivas do governo, fazendo com que os direitos assumam a fisionomia de objetos de consumo. Ao cair nesse jogo de interpelação e interlocução, o cidadão é convidado a se identificar como um consumidor, não apenas dos serviços com os quais é "presenteado" pelo Estado, mas também, e principalmente, das emoções que lhe são proporcionadas pelo poder. O conceito de cidadão crítico perde terreno e, em seu lugar, avança o conceito de cliente de serviços e de emoções.

Absorvidas (ou abduzidas) por uma avassaladora indústria de propaganda governamental, as pessoas não mais se veem como a fonte real do poder, mas apenas como consumidoras de sensações que, nelas, instilam o senso de pertencimento. Para elas, então, a coletividade deixa de ser obra da ação política para ser vista como obra da generosidade governamental. Em outras palavras, o sujeito só se sente pertencente a um projeto coletivo — que é o projeto coletivo posto pelo governo — porque é o destinatário do discurso e dos presentes que o poder endereça a ele. Esse consumidor acredita que depende do governo para ser feliz. Também por aí, a comunicação pública a serviço da vaidade particular (do governante) reconfigura os próprios elementos identitários do cidadão.

No Brasil e em países vizinhos, a tentação fácil que leva os mandatários a enveredar por esse caminho, vendendo a si mesmos como se fossem mercadorias dotadas de poderes mágicos, ou como se fossem empresas que levam benfeitorias aos mais necessitados, não tem sido limitada pelos necessários freios legais. Essa tentação não encontra anteparos. Basta constatar que, entre nós, não há limites para o volume de verba pública que pode ser usada em publicidade oficial. Do mesmo modo, não há limites para a interferência, ingerência e influência do Poder Executivo sobre as emissoras ditas públicas, nas quais os diretores executivos são nomeados, em geral, por um ato discricionário de uma autoridade. Assim, a estetização do Estado, conduzida pela estetização do governo, pode expandir-se até onde bem entender.

Bem sabemos que, também no Brasil, a estetização do Estado e da política não é uma invenção dos marqueteiros do novo milênio. Ela vem de muito antes. De modo especial, vicejou no regime autoritário de Vargas, o Estado Novo, entre os anos 1930 e 1940 — do qual herdamos esta aberração notável, ainda viva, chamada *A Voz do Brasil*. Ganhou vida nova na ditadura militar, essa mais recente, cujos slogans não deixaram saudade, mas deixaram sucedâneos muito similares nos governos que aí estão. O que somos hoje é o resultado dessas heranças, que encontraram novas forças no caldo de cultura da era da imagem e do espetáculo. Somos uma democracia, certamente, mas a estética da comunicação governamental no Brasil do presente guarda traços incômodos que o arbítrio nos legou.

Mais ainda. No Brasil, a estetização do Estado — e, particularmente, a estetização de sucessivos governos, que buscam escrever narrativas próprias — gerou uma indústria especializada de mídia (e de entretenimento) que terminou por fabricar a linguagem dominante da própria prática política. Essa linguagem, com seu léxico tipicamente de mercado, oriundo da publicidade comercial, conseguiu, além de desfigurar a política, retirar o discurso político de seu território histórico, o espaço público político, e recolocá-lo no território do consumo, algo como um espaço público mercadológico. Essa linguagem conseguiu a proeza de redefinir os elementos da política como mercadorias.

Com a especialização e a diferenciação desse novo ramo da indústria do entretenimento, que se autonomizou para pôr em prática a comunicação governamental, nasceu um negócio à parte dentro do universo dos negócios da comunicação. Isso nos traz combinações novas, paradoxais, de difícil solução. A linguagem da mercadoria, típica da nossa era, tem parte com uma cultura que avança além da modernidade para ter parte com algo que tem sido chamado de supermodernidade. No entanto, a comunicação governista abrigada pela linguagem da mercadoria é retrógrada; mais que conservadora, é regressiva. Na comunicação política, a supermodernidade dos recursos de linguagem redunda, no caso brasileiro, numa pulsão antimoderna, que bloqueia o desenvolvimento democrático e os princípios republicanos.

É curioso como essa linguagem e os paradoxos que ela enseja

dão novo sentido a dissonâncias que têm lugar no Estado brasileiro. À luz da lógica política mais clássica, algumas alianças hoje em voga, que atam oligarquias protofeudais dos rincões do país a vanguardas trabalhistas urbanas, de perfil aparentemente renovador, não teriam a menor consistência, a menor coerência. Hoje, no entanto, à luz da nova linguagem da política, que é a linguagem da mercadoria, essas mesmas alianças parecem óbvias, ou corriqueiras. É como mercadorias que as correntes políticas passam a conviver, não mais como projetos. Por aí também é possível verificar de que modo a linguagem mercadológica — que não é meramente uma forma de enunciação linguística, mas uma ideologia profunda — modificou os parâmetros do fazer político.

Daí que nos convertemos nesse híbrido curiosíssimo: a comunicação oficial dos governos no Brasil, tanto o federal como os estaduais e municipais, alcançou uma ossatura de alta complexidade tecnológica e narrativa; ao mesmo tempo, conserva um caráter que remonta por vezes ao ufanismo da ditadura (as simetrias plásticas entre os filmes institucionais dos governos militares, na linha "Este é um país que vai pra frente", e os filmes atuais, na linha "Sou brasileiro e não desisto nunca", são evidentes) ou mesmo ao nacionalismo do período Vargas. Ao despolitizar o debate público, transformando direitos políticos em objetos de consumo segundo a lógica do fetichismo, esse híbrido abre clareiras para uma ética que não conserva mais compromissos com o plano dos direitos, respondendo apenas à pujança da imagem e à aura sintética da mercadoria.

DO EMPREITEIRO AO MARQUETEIRO

A máxima de que governar é fazer propaganda reordena a própria ética pública. Puxemos pela memória. Num passado não muito longínquo, o ato de governar já foi sinônimo de erguer edificações majestosas, plantar cidades no meio do nada, inaugurar viadutos. Para um político ambicioso daqueles tempos, construir rodoviárias, abrir estradas e empinar torres de aço era a forma menos etérea de se promover. O bom prefeito era aquele que transformava a cidade num canteiro de obras. O resto era o de menos.

Segundo consta, houve mesmo um governador que não corava quando acusado de ladrão. Em vez disso, apressava-se em apresentar suas credenciais: sim, ele roubava, recheava os bolsos com o alheio, mas, em compensação, fazia muitas obras. Era o tempo do "rouba mas faz". Se roubava, mas fazia, o político estaria absolvido. Se suas obras fossem vistosas, melhor ainda.

De algum modo, ainda vivemos naquele tempo, sob a égide do "rouba mas faz", só que ligeiramente repaginada. Redecorada como um novo igualitarismo demagógico, ela ainda goza de boa saúde. O sujeito até admite que seus correligionários roubaram, mas logo vem com uma compensação. "Mas não em benefício próprio", argumenta o dirigente partidário, dedo em riste. "Foi tudo para o partido." Ele então chama o eleitor de lado e explica que "não é tão grave", o governo deve ser perdoado. Nele se rouba, infelizmente, mas nele também se faz — obra social.

Estamos na temporada do "rouba mas faz obra social", e essa nova, embora antiga, constelação de valores morais rebrilha na comunicação oficial, que promove as obras sociais e silencia sobre a gatunagem sistêmica, confeccionando a imagem de que o governo, apesar dos erros, é capaz de "fazer" muito em prol dos mais desassistidos. Hoje, porém, o tal "fazer" requer muito mais propaganda do que antigamente, de tal sorte que tudo o que o governo faz já é, em si, um ato de propaganda — um ato que se destina a mostrar que ele é um governo fazedor. De preferência, fazedor de obras sociais, que são vendidas como ações de caridade desinteressada. Para dar sustentação a essa engrenagem de ilusões, a comunicação governamental se tornou imprescindível — e caríssima.

Antes, a propaganda existia para dar visibilidade ao que o governo supostamente fazia. Hoje, as obras, sociais ou não, existem para dar materialidade à propaganda, para dar visibilidade ao plano de comunicação do poder. As obras se estendem como cenários às margens das vias de grande circulação. Funcionam mais ou menos como o outdoor de si mesmas. Não são mais as peças de publicidade que dão visibilidade às obras, mas as obras que se instalam como extensão da publicidade, para dar coerência física à propaganda.

No velho modelo, o maior vaso comunicante entre os interesses privados e a gestão pública era o caixa dois das empreiteiras. A promiscuidade passava por ali. Se governar era fazer obras, e se fazer obras era com as empreiteiras, nada mais natural que as empreiteiras financiassem os políticos por baixo do pano, a ponto de enriquecê-los. Só o que a área de comunicação precisava providenciar, então, era mostrar que aquele político era um bom tocador de obras.

A partir dos anos 1980, com o ocaso da ditadura militar, quando as campanhas eleitorais de envergadura continental entraram em cena, o ecossistema começou a sofrer alterações. O que houve, então, não foi uma ruptura drástica, mas uma sequência de acomodações subterrâneas, pouco perceptíveis na superfície, mas com implicações profundas. O tal marketing político, que podemos entender como a inteligência por trás da máquina de propaganda, deixou de ser coadjuvante ocasional para conquistar o lugar de protagonista. As empreiteiras não saíram do tabuleiro, evidentemente. Mas, a partir do final da década de 1980, a "marquetagem" e as agências de publicidade menos ciosas de seu papel passaram a atuar como despachantes de negócios menos dignificantes. Sintomaticamente, começaram a figurar com assiduidade crescente no centro dos escândalos de desvios de verbas, muitas vezes associadas a departamentos menos ilibados dos megaconglomerados da construção civil.

Foi aí, finalmente, que governar virou sinônimo não mais de fazer, mas de anunciar. O gasto do erário em propaganda governamental disparou. As obras, elas mesmas, passaram a ser concebidas como cenários de futuros filmetes eleitoreiros exibidos em horários pagos pelo dinheiro público, a título de comunicação oficial do Poder Executivo. Os nomes das tais obras sociais começaram a ser confeccionados por publicitários criativos que, logo em seguida, aprenderam a conceber políticas públicas de fachada. Do outro lado da porta, ajudam a financiar as campanhas eleitorais.

Quando percebem o tamanho da distorção a que chegamos, alguns se perguntam, entre incrédulos e indignados, se há condições de mudar esse quadro. "O que poderia ser feito?", querem saber. A saída existe. A solução existe, mas ela, por ora, é altamente improvável. A saída passaria por uma limitação legal que impedisse o volume absurdo de gastos públicos em publicidade claramente eleitoreira. A democracia deveria restringir drasticamente o uso partidário das emissoras públicas e o emprego de verbas estatais em propaganda, especialmente na forma de publicidade paga. Assuntos de notório interesse público, ou de urgência, poderiam ser informados à população por outros caminhos (há diversos).

A solução é simples, muito simples. Ao mesmo tempo, é impossível. Contra ela existe hoje uma compacta e surda resistência dos governantes, dos parlamentares e dos partidos, mas não só. Há também a resistência difusa de milhares de jornais e emissoras de rádio, principalmente os de médio porte, que se tornaram dependentes dessa fonte de recursos. Dificilmente os meios de comunicação no Brasil aceitariam sem protestar que essa torneira se fechasse de um dia para o outro. Deu-se, aí, uma simbiose perfeita, num ecossistema que movimenta somas na casa do bilhão, dentro do qual veículos e políticos se sentem confortáveis e bem nutridos. A nova indústria do proselitismo governista logrou uma associação vital (e mortal) que sabe se defender muito bem, pois se imagina numa guerra ininterrupta.

Aparentemente, esse ecossistema encerra uma contradição violenta: de um lado, o poder público move sua artilharia da comunicação para desdizer as notícias veiculadas pela imprensa; de outro lado, a imprensa, a mesma que publica notícias incômodas, recebe de bom grado o dinheiro do Estado anunciante. No fundo, porém, a contradição é apenas aparente. O que existe, na base desse modelo, é uma convivência bem azeitada de interesses, que envolve cooptações, intimidações e alguma rusga, aqui e ali. Contra a cabeça do eleitor, o poder dispara sua pirotecnia eleitoreira; contra as empresas jornalísticas, dispara verba pública, essa arma letal contra a reportagem crítica e independente.

Enquanto a guerra evolui, o Estado de Narciso mira no espelho o seu próprio rosto sorridente e se rejubila com o que vê.

PARTE 1
Conceito reto: o que é (e o que não é) comunicação pública

1. Contra a permissividade semântica

Essa expressão, *comunicação pública*, tem servido de curinga dentro do jogo de cartas marcadas do clientelismo nacional: pode dar nome a qualquer mensagem do governo ou, principalmente, *a favor* do governo. Cada um a pronuncia segundo suas conveniências; ela quer dizer tudo o que seja vantajoso para quem fala, para quem desfruta da condição de emissor, mesmo que imponha um padecimento insuportável para quem se vê no papel de ter que ouvir.

Mais ou menos como os tiranos se declaram democratas e as ditaduras se proclamam defensoras da liberdade, muita gente dá o nome de *comunicação pública* a práticas que nada têm de públicas e, não raro, pouco têm de comunicação propriamente dita. Propagandas pagas com verba estatal em veículos comerciais cabem aí dentro. O mais desabrido proselitismo partidário também. Diante disso, pensar essa expressão como se ela fosse um conceito sério fica bem complicado.

Se formos aos estudiosos para procurar um significado menos aleatório (e menos aéreo), encontraremos definições também vagas, ou mesmo permissivas, que abrigam muitos sentidos. Se os políticos são ultraflexíveis quando falam do tema, os acadêmicos não primam pelo oposto. Mesmo na universidade, o significado do que é (e do que não é) comunicação pública ainda é nebuloso, excessivamente multívoco. Uns dizem que qualquer mensagem sobre assuntos relativos a qualquer aspecto da vida em sociedade pode ser classificada sob essa rubrica. Para outros, basta que o Estado financie uma campanha, não importa sobre o que, para que tenhamos ali essa modalidade de comunicação. Há também aqueles que pontificam que tudo o que tiver como conteúdo um tema comunitário ou social, desde que não tenha finalidade de lucro, pertence à mesma categoria, não importando se o Estado participa disso ou não. A mensagem é por demais propagandística? Também não importa. Veremos logo adiante que, na opinião de teóricos respeitados, uma das finalidades precípuas da comunicação pública seria exatamente fazer a promoção institucional dos órgãos públicos.

A bibliografia disponível oferece formulações que atendem a gostos bem sortidos. São tantas as variantes conceituais que, se você quiser, encontrará respaldo acadêmico para dizer que um feirante que usa um megafone para anunciar desconto no preço do tomate está fazendo comunicação pública, como se fosse o presidente da República que faz discurso em solenidade de feriado nacional. A transmissão de jogos pela TV também pode se encaixar aí. Lembremos que, na Argentina, há uma política pública em curso com o objetivo de financiar, com recursos públicos, a veiculação ao vivo de partidas de futebol (o programa *Fútbol para Todos*, iniciado em 2009 na rede estatal liderada pelo Canal 7, que é público e controlado indiretamente pelo governo federal), praticamente desalojando desse mercado as emissoras privadas.

Sendo assim, vale perguntar: como redigir o conceito? Como demarcar os contornos desse objeto? Como encontrar uma definição que seja ao mesmo tempo objetiva e útil? Que esclareça em lugar de confundir ainda mais?

Em busca de respostas, vamos nos valer da colaboração de alguns dos melhores pesquisadores. Com a licença do leitor, teremos de vasculhar a produção acadêmica mais recente, o que significa reproduzir passagens de estudos científicos. O caminho não será propriamente emocionante, mas nos trará alguma clareza providencial. Embora seja verdade que alguns estudos gerados pela universidade têm respaldado o oportunismo vaidoso das autoridades, é possível encontrar na pesquisa mais avançada elementos menos acomodados.

UM OBJETO QUE ESTÁ EM TODA PARTE, COMO DEUS (OU O DIABO)

Um dos mais renomados estudiosos do nosso objeto fugidio é Jaramillo López, da Universidade Externado da Colômbia. Escritor, ensaísta e consultor em projetos de planejamento estratégico de comunicação, López conhece bem a indefinição que prospera no campo:

> Muito já foi escrito sobre comunicação pública e os caminhos que aproximam e distanciam diferentes enfoques, permitindo identificar pelo menos três aspectos em comum: a noção de comunicação associada à compreensão do público; o que opera em diferentes cenários, entre eles o estatal, o político, o organizacional e o midiático; e o que é um conceito vinculado a princípios como visibilidade, inclusão e participação.[1]

Vamos então decupar o enunciado acima. Desde logo, podemos nos considerar avisados de que tudo pode ser chamado de comunicação pública, desde que: (a) o conteúdo ou o meio empregado contenham algo relacionado ao que é público (ou mesmo ao próprio público); (b) os conteúdos ou os meios se reportem de algum modo à esfera estatal, à esfera política, ao ambiente organizacional ou midiático; e, por fim, (c) essa comunicação dê visibilidade a ações que pretendam promover inclusão ou participação.

Não que Jaramillo López se contente com as generalidades. Ele procura resolvê-las e ultrapassá-las, tanto que dá os contornos gerais do que poderia ser uma definição um pouco melhor. Para ele, a comunicação pública seria

> um conjunto de temas, definições, fatos e metodologias referentes à forma como os sujeitos lutam por intervir na vida coletiva e na evolução dos processos políticos provenientes da convivência com "o outro" por participar da esfera pública, concebida como o lugar de convergência das distintas vozes presentes na sociedade.

Embora a definição continue parecendo vaga, temos aqui um bom começo. O senão é que, por esse caminho, não conseguimos identificar com a necessária precisão o que *não* está contido dentro dessa definição. Ela não nos ajuda a diferenciar com segurança o que separa a tal comunicação pública das outras comunicações — a comercial, por exemplo.

Reconheçamos que a ambição de traçar fronteiras mais rígidas para uma expressão tão banalizada não se resolve num estalar de dedos. Além dos oportunismos de praxe, há de fato complicadores de natureza empírica. Prudente, Jaramillo evita proposições mais definitivas. A questão é que, hoje, no Brasil, precisamos de algo menos espectral para resolver a equação que desafia o pensamento democrático.

Será que qualquer discurso que fale de assuntos de interesse comum pode ser chamado de *comunicação pública*? Se pensarmos nas muitas formas de assédio publicitário que, em nome de algum interesse comum, alcançam toda sorte de leitores, telespectadores, ouvintes ou meros transeuntes que passam em frente a um outdoor, veremos que nem tudo caberia dentro desse rótulo. Que uma campanha de prevenção da aids possa se enquadrar na categoria não se discute. Mas e quanto aos sorteios de uma campanha como o Criança Esperança, que é realizada anualmente pela Rede Globo, que é uma rede comercial de radiodifusão: o "Criança Esperança" poderia ser chamado de *comunicação pública*? É bem verdade que, embora ancorada numa rede privada, ela tem como tema um assunto de interesse geral. Ao mesmo tempo, promove a marca da emissora, que não é pública. E então? Essa forma de campanha é comunicação pública ou apenas parcialmente pública?

Se formos exageradamente permissivos na semântica, veremos que até mesmo a cobertura de um campeonato de bocha destinado a estimular a participação dos idosos em atividades comunitárias tem alguma função pública, mesmo que fosse ao ar pelo alto-falante particular instalado no meio de uma praça sem nenhuma infraestrutura. Portanto, se o nosso léxico for permissivo o bastante, poderíamos chamar essa cobertura de comunicação pública.

O problema é que, se seguirmos assim, tão elásticos, chegaremos a um lugar teórico no mínimo embaraçoso, aceitando como válido um conceito que abriga tudo e mais um pouco — e ainda sobra espaço. Assim mesmo, sem exagero. Olhe em volta, verifique as ocorrências dessa expressão segundo as acepções mais criativas, e você mesmo poderá atestar que a situação em que nos encontramos é bem essa: atualmente, o conceito de comunicação pública abriga tudo e mais um pouco — e ainda sobra espaço.

Como ter um conceito assim equivale a não ter conceito algum, precisamos fugir da permissividade semântica. O próprio Jaramillo López, ao se aproximar da conclusão de sua "Proposta geral de comunicação pública", procura ser menos ecumênico e mais seletivo:

Comunicação pública é, no meu conceito, a que se dá na *esfera pública*, seja para construir bens públicos (política), para incidir na agenda pública (midiática), para fazer a comunicação das entidades do Estado com a sociedade (estatal), para construir sentido compartilhado ao interior da organização (organizacional), ou como resultado das interações próprias dos movimentos sociais (da vida social).[2]

É ótimo que ele procure escapar à vagueza, mas, uma vez mais, o corte estabelecido não tem a profundidade de incisão necessária. Não basta que uma comunicação tenha lugar na "esfera pública" (qualquer que seja o entendimento que tenhamos para essa noção) para que possamos chamá-la de pública. A razão é muito simples: toda forma de comunicação social acaba adquirindo existência — ou se refletindo — na esfera pública, de um jeito ou de outro. Logo, se a premissa fosse verdadeira, deveríamos dizer de uma vez por todas que toda forma de comunicação que esteja de algum modo acessível ao público pode receber a denominação de comunicação pública. Indo um pouco mais adiante no raciocínio, temos que, para todos os efeitos, a comunicação privada, que tem lugar na esfera pública, como bem sabemos, é comunicação pública. Ora, dizer que a comunicação privada é comunicação pública é o mesmo que dizer que um postulado é exatamente igual ao seu contrário. Com isso, pois, chegamos aonde já estávamos.

Há quem argumente que tudo o que desperta a atenção de uma vasta porção do público se revestiria, ainda que parcialmente, das características da comunicação pública. Outra vez, porém, é preciso alertar: nem tudo o que atrai a atenção do público é um fenômeno próprio da comunicação pública. Pensemos numa atração televisiva do gênero *reality show*. Ela vai ao ar no horário nobre e atrai o olhar de dezenas de milhões de cidadãos, todos integrantes do público. Nem por isso pode ser entendida como algo equivalente a uma campanha de vacinação contra, digamos, o HPV. Claro que qualquer atração, ao ser exibida em TV aberta, constitui uma atração pública (já que é acessível a qualquer um do público) e interfere direta ou indiretamente nas dinâmicas da esfera pública. Por outro lado, esse tipo de atração integra um modelo de programação televisiva que não é público, mas privado, comercial, baseado na veiculação de publicidade paga e que tem o propósito de extrair lucro. Chamar a isso de comunicação pública é forçar a linha além das medidas. A capacidade de atrair público (no sentido de atrair audiência) não pode ser um requisito para que possamos definir o que é e o que não é comunicação pública.

Ainda sobre o exemplo do *reality show*, é bom assinalar que, apesar de ser um programa que tem lugar na esfera pública e de estar aberto a qualquer um do público que queira acompanhá-lo, não constitui comunicação pública nem mesmo segundo os marcos demarcados no conceito generoso de Jaramillo. Ainda que esse programa, num momento específico, tenha como objetivo esclarecer sobre o caráter intolerante do preconceito contra homossexuais, não poderá ser visto como peça de comunicação pública — embora tenha, incidentalmente, uma face momentânea de interesse geral e público.

Na "esfera pública", assim como na "agenda pública midiática" (outra expressão cara a Jaramillo), infinitas formas de comunicação se entrecruzam, sem falar nos movimentos sociais, que também aí se estruturam e se articulam em processos comunicativos incessantes. Mas, na mesma esfera, comparecem ainda a publicidade em geral, os programas de auditório de péssimo gosto e outras múltiplas e mutantes possibilidades de interlocução, divertimento e fluxos de mensagens, como a indústria dos games interativos que hoje são jogados em cruzamentos de TV e internet. Mesmo aqueles que concebem a esfera pública de modo mais restritivo, como se ele fosse apenas um espaço social definido pelos temas de interesse público exclusivamente, não têm como deixar de reconhecer que até os programas de auditório despejam seus múltiplos efeitos no núcleo dessa esfera pública restrita, razão pela qual os animadores de auditório ou os palhaços de programas de televisão açambarcam votações expressivas em pleitos para o Legislativo e o Executivo.

Se quisermos, então, separar o que se enquadra do que não se enquadra no conceito, não basta propor que tudo o que tenha lugar na esfera pública seja comunicação pública. Precisamos ir além.

A CONSTITUIÇÃO ENSINA

Para começar, a comunicação pública precisa ser... pública. Investiguemos um pouco melhor o sentido social e histórico desse adjetivo crucial. Tratemos de examiná-lo em perspectiva. O que ele significa? Ou, mais precisamente, o que significa dentro da cultura política brasileira? Tendo em vista que a nossa discussão é política — e só é cultural à medida que é política —, é possível que, por aí, tenhamos elementos valiosos para prosseguir.

Partamos do que é notoriamente elementar. Uma coisa é pública quando não é privada. Só merece o adjetivo "pública" o evento (o fato, o bem ou a ação) que não se pode (ou não poderia) estar sob controle estrito da esfera privada, que não poderia ser governada por instâncias privadas (não públicas), que não é propriedade de mãos privadas. Veremos, por aí, que a separação entre o público e o privado é decisiva para que consigamos apartar a comunicação pública daquela que não pode ser chamada de pública.

Nesse ponto, basta-nos a Constituição Federal de 1988. Nessa matéria, o sentido das coisas é mais claro — e mais efetivo — na norma constitucional do que nos tratados acadêmicos — mesmo que as formulações presentes na Constituição tenham amadurecido também (mas não só) numa vasta sucessão de trabalhos acadêmicos. A lei fundamental de 1988, a exemplo de todas as leis fundamentais geradas por processos sociais democráticos, concentra o aprendizado político da vida nacional com alto grau de legitimidade e, nessa perspectiva, pode ser tomada como significante inaugural. Assim é que a tomamos. Baseada no caráter público da própria República (art. 1º, que consagra o princípio segundo o qual "todo o poder emana do povo"), bem como da gestão do Estado, a Constituição nos ensina que os interesses pessoais de autoridades não podem ser postos, jamais, acima do interesse público. Nessa trilha, como definir o que é público? Tomemos o que está expresso no artigo 37 § 1º:

> A publicidade dos atos, programas, obras, serviços e campanhas dos órgãos públicos deverá ter caráter educativo, informativo ou de orientação social, dela não podendo constar nomes, símbolos ou imagens que caracterizem promoção pessoal de autoridades ou servidores públicos.

Temos aqui, com todas as letras, o princípio da impessoalidade como fator de garantia da dimensão pública do Estado. O público aparece aqui, de forma expressa, como o contrário necessário do que é privado. O público é aquilo que não pode ter sentido pessoal, tanto econômica quanto politicamente. E já aqui, também, entramos na qualificação essencial da comunicação pública, segundo o que estabelece a Constituição Federal do Brasil, em linha com as Constituições de quase todos os países democráticos. A palavra pública tem, portanto, um sentido bem preciso.

Desse modo, na comunicação de governo, a finalidade pública deve (tem que) prevalecer sobre o interesse particular (de uma só pessoa ou de um grupo de pessoas). Mas o significado do nosso adjetivo crucial não para aí. A mesma receita republicana que recusa a promoção pessoal na comunicação pública impõe a transparência no tratamento dos assuntos de interesse da coletividade. Então, ao lado da impessoalidade encontramos o princípio da publicidade — no sentido de "tornar públicas" — das informações. O dever de tornar públicas as informações de interesse público está entre os princípios que devem nortear a atuação do Estado brasileiro e de seus agentes (art. 37, *caput*). Isso quer dizer que os responsáveis pela gestão do Estado têm o dever de tratar em público os assuntos que sejam do interesse de todos, uma vez que a informação sobre os negócios públicos é um direito fundamental de cada um de nós.

Vejamos agora o artigo 5º (inciso XXXIII) da mesma Constituição:

> Todos têm o direito a receber dos órgãos públicos informações de seu interesse particular, ou de interesse coletivo ou geral, que serão prestadas no prazo da lei, sob pena de responsabilidade, ressalvadas aquelas cujo sigilo seja imprescindível à segurança da sociedade e do Estado.

Em obediência a esses princípios, foi promulgada, em 2011, a Lei de Acesso à Informação (lei nº 12527, de 18 de novembro de 2011), que veio fortalecer o direito à informação como fator que ordena a conduta dos que se incumbem da gestão do Estado. Em outras palavras, enquanto cabe ao Estado o dever de informar, ao cidadão é garantido o direito fundamental de ser informado, salvo nas hipóteses excepcionalíssimas previstas na própria Constituição.

Conclusão lógica e inescapável: a comunicação, para merecer ser chamada de pública, deve também estar subordinada aos mesmos princípios. Ou não poderá ser chamada de pública.

2. Contra interesses pessoais ou corporativos

Voltemos agora às estantes universitárias. A partir daqui, as nossas consultas vão reforçar ainda mais o nexo necessário entre a modalidade específica da comunicação pública e o interesse público. Passemos então às ideias do francês Pierre Zémor.

Primeiramente, compreendamos o que é a comunicação pública. É a troca e o compartilhamento de informações de utilidade pública ou de compromissos de interesses gerais. Ela contribui para a conservação dos laços sociais. A responsabilidade disso compete às instituições públicas; ou seja, às administrações do Estado, aos serviços de coletividades territoriais, aos estabelecimentos, empresas, organismos encarregados de cumprir uma missão de interesse coletivo.[1]

Zémor fala em interesse coletivo e inscreve o nome do Estado e das repartições públicas bem no centro de seu arranjo conceitual. Ele nos ajuda a avançar, é verdade, mas ainda é pouco. Como separar aí o que é público do que é privado?

Toda forma de comunicação social tem, normalmente, uma face mais pública em relação a outra, que é privada. A própria ação política brota de interesses privados (de associações, categorias profissionais ou partidos, que são agremiações privadas com o objetivo de atuar publicamente). Esses interesses privados agem e se comunicam no âmbito da esfera pública para, aí dentro, fazer valer suas causas, reivindicações ou propostas. Mas em que ponto uma comunicação que brota da vida privada adquire o estatuto de pública? O que define esse deslocamento, essa alteração de estado?

Sobre isso, o professor Jorge Duarte, organizador de uma coletânea (*Comunicação pública: Estado, mercado, sociedade e interesse público*), lança proposições providenciais. Arrolando as características que devem ser observadas pelo setor (da comunicação pública), ele defende o vínculo necessário entre comunicação pública e interesse público:

> A atuação em Comunicação Pública exige [*do seu praticante*]: (a) compromisso em privilegiar o interesse público em relação ao interesse individual ou corporativo; (b) centralizar o processo no cidadão; (c) tratar comunicação como um processo mais amplo do que informação; (d) adaptação dos instrumentos às necessidades, possibilidades e interesses públicos; (e) assumir a complexidade da comunicação, tratando-a como um todo *uno*.[2]

A partir desse rol de funções, podemos ver com mais foco o que separa o público do privado nessa matéria. A chave de diferenciação é a prevalência do interesse público.

Jorge Duarte tem experiência prática no campo. De 2004 a 2012, atuou como assessor especial e diretor do Núcleo de Comunicação Pública da Secretaria de Comunicação Social da Presidência da República (Secom), encarregada justamente de gerir e coordenar a publicidade e outras formas de comunicação do governo federal. Talvez por isso, por ter conhecimento da área e de suas trilhas sinuosas, prefere listar atributos e características em vez de pontificar e decretar um conceito.

Mas as interrogações persistem. Bastaria que o profissional "privilegiasse o interesse público", no dizer de Jorge Duarte, para que ele pudesse dizer que realiza comunicação pública? Se pensarmos bem, nada impede que o gerente de uma empresa comercial de mídia procure privilegiar o interesse público. Nada o impede de "centralizar o processo no cidadão", ou de entender a comunicação como "processo amplo" etc. Em suma, as características arroladas por Jorge Duarte são desejáveis na comunicação pública, altamente desejáveis, mas não constituem atributos exclusivos do profissional de comunicação pública ou do setor em que ele atua. Elas não o distinguem dos demais.

Outro ponto que seria distintivo, na opinião do professor, é diálogo. Segundo argumenta, a comunicação pública deveria deixar de lado as abordagens unilaterais ou verticais (de cima para baixo) com que a publicidade ordinária se dirige à sociedade:

> Comunicação pública coloca a centralidade do processo de comunicação no cidadão, não apenas por meio da garantia do direito à informação e à expressão, mas também do diálogo, do respeito a suas características e necessidades, do estímulo à participação ativa, racional e corresponsável. Portanto, é um bem e um direito de natureza coletiva, envolvendo tudo o que diga respeito a aparato estatal, ações governamentais, partidos políticos, movimentos sociais, empresas públicas, terceiro setor e, até mesmo, em certas circunstâncias, às empresas privadas.[3]

Duarte realça o *compromisso ético* que deve caracterizar o profissional desse campo. Para ele, quem pratica comunicação pública deve assumir o espírito público e privilegiar o interesse coletivo em lugar de perspectivas pessoais e corporativas.[4] Ao mesmo tempo, critica os governantes que, de modo geral, não se acanham em usar os equipamentos e os recursos de comunicação em proveito da própria imagem (o que constitui um proveito privado, pessoal): "Para o profissional, o desafio é lidar com um tema cujo objetivo estratégico muitas vezes está mais relacionado a atender aos anseios do corpo dirigente do que ao interesse público".[5]

Desse modo, em lugar de uma definição propriamente dita, Duarte propõe um esboço do que poderia ser a *deontologia da comunicação pública*, cuja finalidade seria ajudar o cidadão a conhecer plenamente a informação sobre seus direitos, mesmo que não a tenha procurado. "Na prática, isso inclui o estímulo a ser protagonista naquilo que lhe diz respeito, ter conhecimento de seus direitos, a orientação e o atendimento adequado." Ele finaliza lembrando que a comunicação pública exige "credibilidade dos interlocutores, meios e instrumentos adequados, valorização do conhecimento dos sujeitos, facilidade de acesso e uma pedagogia voltada para quem possui mais dificuldades".[6]

Se quisermos resumir tudo isso, poderíamos concluir dizendo que a comunicação pública, a serviço do interesse público, deveria ser, numa palavra, *desinteressada* (desvinculada de qualquer interesse privado).

Ocorre que ela não é o que deveria ser. Sem prejuízo do "dever ser" — dimensão que certamente não pode faltar ao conceito —, não podemos perder de vista o ser, a existência prática da comunicação pública tal como é hoje. Buscar um conceito de comunicação pública é, por excelência, criticar abertamente a sua condição atual e, a partir daí, formular um marco que conterá também elementos prescritivos (o "dever ser"), inevitavelmente. Mais adiante, veremos por quê.

O INTERESSE PÚBLICO NA COMUNICAÇÃO

Sigamos com o interesse público. Devemos ler, também, o que escreve o jornalista e professor Wilson da Costa Bueno. Ele começa por chamar a atenção para o fato de que, normalmente, a tendência dos estudiosos é tratar a comunicação pública em geral como se ela fosse uma "comunicação de serviço público" ou uma "comunicação de interesse público".

A comunicação pública costuma estar associada aos processos, ações e estratégias de comunicação postos em prática pelos poderes Executivo, Legislativo e Judiciário e, em muitos casos, é entendida apenas como a comunicação do governo. Há quem prefira denominá-la Comunicação no Serviço Público, englobando aí o Executivo propriamente dito (presidência da República, governadores e prefeitos e suas diversas instâncias como ministérios, secretarias etc.), as empresas públicas ou mistas, o Congresso, as forças armadas etc.[7]

Aqui, o autor estabelece uma distinção que esclarece um pouco mais os contornos da expressão "interesse público":

> Há diferenças importantes entre a visão moderna de comunicação pública e comunicação dita política ou governamental. A comunicação de interesse público visa abranger as ações e atividades que têm como endereço a sociedade, independentemente de sua origem (pública ou privada).[8]

Traduzindo: a comunicação de interesse público é aquela que corresponde ao interesse geral da sociedade. Parece mera tautologia, mas é mais que isso. Também nesse trecho, estamos às voltas com um corte ético (e deontológico) que tem sido desprezado no

Brasil, para grande prejuízo da cultura política. Esse corte ético, se bem observado, poderia nos ajudar a entender melhor o sentido institucional e social dessa forma de comunicação — o que significa entender como a comunicação pública feita no Brasil é pouco pública e desprovida da ética que não poderia faltar à sua própria conceituação.

Quando veiculada ao arrepio do interesse público, a comunicação, ainda que chamada de pública, renega sua própria função natural, transformando-se no oposto do que deveria ser. Por isso, aquilo que chamamos de comunicação pública é meramente a usurpação da comunicação pública.

Passamos agora a vislumbrar um pouco melhor o caráter público (quer dizer: não privado) do lugar institucional, do alicerce econômico e do repertório de conteúdos que caracterizam a comunicação pública. Se o Estado se presta a algum tipo de propaganda que promova interesses privados, incorre num desvio de finalidade, e não temos o direito de dar a isso o nome de comunicação pública.

Da mesma forma, pode acontecer de instituições do mercado veicularem campanhas de claríssimo interesse coletivo, sem pretender lucro imediato com isso. Essa possibilidade, mesmo que ocorra eventualmente, não nos autoriza a dizer que essa comunicação seja pública em sentido estrito. Indo um pouco além dos teóricos que foram citados até aqui, podemos adiantar que ela não é pública porque (1) não é financiada por verbas públicas (ou diretamente captadas do público para esse fim); (2) não realiza o vínculo necessário entre a alocação de recursos públicos e o propósito de assegurar o interesse público; e (3) não envolve agentes públicos em sua concepção e realização.

Não é verdade que a comunicação de interesse público pode resultar indistintamente da esfera pública ou da esfera privada. O Estado e o mercado não estão nivelados no mesmo padrão — e não cumprem as mesmas funções. Se o mercado (ou, digamos, a esfera privada que se manifesta no mercado) fosse capaz de promover a comunicação pública, não haveria por que usar recursos públicos na atividade de fixar laços de comunicação entre a sociedade e o Estado. Se o capital desse conta, sozinho, de exercer integralmente a função pública de informar o cidadão, função que, vale relembrar, é dever do Estado, um dever a ser prestado diretamente por ele, não haveria legitimidade para, numa democracia, empregar recursos públicos em peças, campanhas ou mesmo em emissoras e redes de comunicação social.

Se a comunicação de interesse público, nos termos em que Wilson da Costa Bueno a discute, pudesse ter origem tanto na máquina pública quanto no mercado privado, ela estaria em toda parte e não constituiria um lugar diferenciado, com identidade própria e inconfundível. Se uma peça publicitária privada — produzida e paga por uma empresa privada que tenha fins comerciais — pudesse encarnar plenamente o interesse público e cumprir o dever do Estado de informar, não haveria sentido em buscar uma distinção conceitual para a comunicação de interesse público. Só há sentido em falar de uma "comunicação de interesse público" se houver aí, dentro dessa denominação, uma modalidade à parte de comunicação. Logo, a questão é saber se essa modalidade existe e se tem autonomia em relação às demais.

No fundo, não é difícil verificar que a "comunicação de interesse público" é um dos efeitos da "comunicação pública", no sentido de que *toda comunicação pública deve ser de interesse público*, embora nem toda comunicação de interesse público seja comunicação pública.[9] Se admitirmos a "comunicação de interesse público" como modalidade especial, somos obrigados a conceder que, no conjunto geral da comunicação pública, poderia haver uma comunicação que não fosse prioritariamente de interesse público.

Poderia então haver uma comunicação pública que fosse contrária ao interesse público?

Se admitirmos, por outro lado, que toda comunicação pública só será pública se tiver alinhamento com o mais alto interesse público, constataremos que não há sentido em buscar dentro dela, ou em regiões contíguas, o subgrupo da "comunicação de interesse público". Essa nada mais é do que a totalidade da comunicação pública. Enfim, não há sustentação ontológica em postular a existência de um espaço autônomo, o da "comunicação de interesse público", dentro do universo geral da comunicação pública.

O próprio Wilson da Costa Bueno critica a tentativa de edificar um conceito de "comunicação de interesse público". Segundo o autor, ele abrange erros conceituais graves, como reduzir a comunicação a uma ação, e não a um processo, além de restringi-la a "um mero transporte de informação", que se realizaria de modo unilateral, sem interlocução. Bueno insiste em que essas características denotam uma vertente assistencialista, que valoriza o fluxo vertical de informações. Uma vertente, podemos acrescentar, que distorce o sentido legítimo da comunicação pública.

Mas como resguardar a noção de interesse público? E de que modo combater, com base nessa noção, o uso privado dos recursos da comunicação pública para a promoção de causas partidárias, familiares ou pessoais, avessas e antagônicas ao interesse público?

CRITÉRIOS MAIS CONCRETOS, DELIMITAÇÕES MENOS VAGAS

Com o crescimento dos debates em torno do assunto, trabalhos acadêmicos mais recentes trouxeram alguns progressos conceituais. É o caso da pesquisadora Marina Koçouski, que estabeleceu linhas divisórias menos vaporosas ao tratar a comunicação pública não como um modelo utópico, em substituição às existentes, mas como parte intrínseca de um campo mais amplo, a comunicação social.[10] A pesquisadora bem sabe que, para definir o que um objeto é, temos que definir, também, o que ele *não é* e nem pode ser. Nessa perspectiva, define a comunicação pública como uma estratégia ou ação comunicativa direcionada ao interesse público. "Ela tem como objetivos promover a cidadania e mobilizar o debate de questões afetas à coletividade, buscando alcançar, em estágios mais avançados, negociações e consensos."[11]

Muitos estudiosos, contudo, advogam funções promocionais (que enaltecem o governo ou constroem imagens positivas das instituições governamentais) como parte lícita da comunicação pública. Entre outros, o francês Pierre Zémor fornece subsídios que corroboram esse entendimento, listando, entre as formas de comunicação pública, aquelas que têm por finalidade "divulgar os serviços e as políticas públicas, realizar companhas de interesse geral (comunicação cívica e campanhas de causas sociais) e valorizar a instituição (imagem, identidade e legitimidade dos serviços públicos, comunicação interna)".[12]

Mariângela Furlan Haswani também destaca a "promoção da imagem" como uma das modalidades da comunicação pública.

> Por meio da atividade de promoção de imagem, o Estado visa conseguir consenso sobre a operação e sobre seu papel desenvolvido nas diversas esferas da vida pública. Esse tipo de comunicação utiliza todas as técnicas da retórica colocadas em prática pela publicidade comercial para "informar" de modo persuasivo e envolver o público. Exemplos dessa comunicação, no Brasil, são as campanhas de divulgação das obras do Programa de Aceleração do Crescimento (PAC) do governo federal, com o slogan "Brasil, um país de todos", e as das obras em diversos setores do governo do estado de São Paulo, que trazem o slogan "São Paulo é um estado cada vez melhor".[13]

Professora da Escola de Comunicações e Artes da Universidade de São Paulo (ECA-USP) e profissional com larga experiência no setor, Mariângela Haswani conhece como poucos esse universo no Brasil. O fato de constatar, em seu estudo, a modalidade da "promoção de imagem" dentro do setor da comunicação pública não significa que ela autorize os excessos que temos verificado rotineiramente, com campanhas que são, na verdade, peças mal disfarçadas de campanha eleitoral aberta.

Tendo em vista a experiência recente da comunicação pública no Brasil, é o caso de perguntar: as peças com finalidades escancaradas de persuadir o cidadão realizam verdadeiramente o interesse público? Devem ser aceitas como uma forma legítima de comunicação pública?

O atendimento do direito à informação de que todo cidadão é titular (e isso, claramente, corresponde ao mais alto interesse público) está na base (constitucional, inclusive) de toda comunicação pública. Fora isso, será que a divulgação da (boa) imagem do governo deveria ser considerada no mesmo nível? Ou será que, à luz do que temos testemunhado todos os dias na televisão brasileira, essa divulgação, essa "promoção de imagem" não tem atentado contra os princípios da impessoalidade (o dever do agente público de não se conduzir segundo critérios personalistas ou preferências familiares ou pessoais) e da publicidade (o dever do Estado de tornar públicos os assuntos de interesse público)? Será que, a pretexto de engrandecer o prestígio de órgãos de Estado, não temos visto exatamente graves desvios com fins meramente eleitorais?

Podemos ir mais longe com as indagações. É de interesse público que o governo de turno desfrute de uma imagem sempre positiva? É de interesse público que o erário abasteça campanhas para melhorar a imagem do governo e de repartições públicas?

"A comunicação institucional não pode ser apropriada por

uma assinatura muito personalizada ou muito politizada", diz, com sabedoria, Pierre Zémor.[14] "Da mesma maneira, a imagem ou símbolo gráfico (logo) de uma instituição pública não podem ser muito associados a uma personalidade ou equipe política dadas."[15] O estudioso francês alerta para os riscos da instrumentalização da comunicação por políticos profissionais que dela esperam extrair dividendos eleitorais, numa prática que ele define como prova de "incompetência comunicativa". Nesses casos, vale o dito popular: o feitiço vira contra o feiticeiro; em lugar de fortalecer os vínculos da sociedade com o Estado, a propaganda oficial partidarizada os enfraquece. Voltemos uma vez mais ao texto de Zémor:

> A informação cívica [*que é uma categoria da comunicação pública*] parece, contudo, carregar a tentação de personalizar ou de se apropriar de uma causa de utilidade pública. Um conselho geral dificilmente resistirá, no caso de uma publicação ou de um filme de apresentação de seu papel e das regras de seu funcionamento, à tentação de valorizar os governantes e suas orientações políticas. Uma maioria no poder gostaria de tirar proveito político de um assunto consensual. O cidadão, destinatário da mensagem, sabe relativamente bem que possui conhecimento das coisas. Assim, quando um prefeito lança um apelo à vacinação de crianças por meio de cartazes, com sua foto e assinatura, os habitantes identificam a propaganda política, e a causa da vacinação infantil é reconhecida como perdida. Essa mistura de gêneros pode fornecer um benefício de notoriedade que corre o risco de ser adquirido pelo preço de uma perda de autenticidade, ou mesmo de integridade. O desvio de legitimidade, se ele se opera pela popularidade, pode manchar a reputação e a consideração. Tal "incompetência comunicativa" pode provocar uma perda da qualidade da imagem do emissor, seja ele um ator político, público ou privado (um

fabricante internacional de roupas que "instrumentaliza", em prol da publicidade de sua marca, uma causa humanitária).[16]

Nada a opor. Há, no entanto, quem se ressinta de um peso exagerado do governo no pensamento de Zémor. A professora Heloiza Matos ensina:

> A contribuição de Pierre Zémor para a sistematização da comunicação pública é inegável. No entanto, é necessário sair do círculo concêntrico em torno do governo, deixando que o Estado e também a sociedade assumam a responsabilidade da comunicação pública. Sob o regime da comunicação pública, todos os agentes envolvidos na esfera pública devem desempenhar as atribuições que Zémor atribui exclusivamente ao Estado.[17]

Heloiza Matos tem seu ponto, não há dúvida. Mas o maior desafio do debate nacional sobre comunicação pública está justamente em compreender e disciplinar precisamente a ação dos governantes nas máquinas públicas de propaganda e de comunicação. Sendo assim, ainda que a participação de outros agentes sociais enriqueça e oxigene a comunicação pública — entre outros motivos, porque essa participação cria as vias de mão dupla tão necessárias a processos comunicativos mais saudáveis, mais criativos e mais horizontais —, o problema maior está nas responsabilidades dos agentes públicos.

A obra do italiano Paolo Mancini vem a calhar. Para ele, o conceito atual de *comunicação pública* ganha mais peso em sociedades complexas, nas quais a informação é um direito de cidadania. Se o poder emana do povo e em seu nome é exercido, os cidadãos devem deter as informações necessárias para melhor delegar e fiscalizar o poder. O direito à informação e à liberdade de expressão se alicerçam precisamente sobre essa pedra fundamental da ordem democrática e do estado de direito: o povo é a fonte do poder. Podemos entender, com base nisso, que Mancini busca inserir a *comunicação pública* na teoria moderna de democracia.

Aos olhos desse autor, a comunicação pública admite três dimensões, que funcionam como engrenagens ligadas umas às outras: a) os promotores ou emissores; b) a finalidade; e c) o objetivo.

Os promotores ou emissores podem ser organizações públicas, privadas ou semipúblicas. Essa classificação não se dá estritamente pela natureza jurídica, mas também pela forma de atuação dessas organizações e pelo campo em que atuam. As instituições públicas compreendem todas aquelas que, direta ou indiretamente, dependem do Estado. As semipúblicas são as que se situam entre o Estado e o cidadão, operando como mediadoras da iniciativa e mesmo da participação política dos cidadãos. Podemos entender como instituições pertencentes a esse grupo as organizações sindicais e os partidos políticos (que, de outro ponto de vista, podem ser considerados apenas organizações privadas com fins de disputar lugar na esfera pública e no Estado). As estritamente privadas são organizações que representam a livre vontade de organização dos cidadãos para atuar política ou culturalmente. Nessa terceira categoria poderíamos pensar em associações livres as mais diversas, que não são necessariamente ligadas ao campo de intervenção do Estado. Note-se, aqui, que mesmo as organizações estritamente privadas *não têm, para efeitos dessa definição, a finalidade comercial de lucro*.[18]

Não por acaso, dentre as três dimensões, a que mais delimita o campo da comunicação pública, para Mancini, é a *finalidade*. Ele preconiza que essa comunicação não deve ser orientada para o alcance de uma vantagem econômica imediata, como a venda de produtos ou a troca para fins comerciais. Para ele, a noção de comunicação pública não pode se confundir com aquela voltada para o lucro. Claro que isso não significa que uma organização com fins lucrativos não possa investir em campanhas para promover valores sociais ou serviços de interesse social, mas isso não constitui a regra.

A última dimensão que nos ajuda a definir esse campo é o objeto. Mancini demonstra que a *comunicação pública* é aquela que tem por objeto os *public affairs*,[19] termo sem uma tradução satisfatória, mas que podemos entender como assuntos de interesse geral. Eles dizem respeito à comunidade em sua totalidade e incidem sobre as interações entre os diversos subsistemas sociais daquela comunidade e, mais adiante, também sobre as esferas privadas.

Finalmente, Mancini afirma que "a identificação dos 'assuntos de interesse geral' obviamente não é coisa fácil, porque as dimensões do público e do privado tendem a confundir-se sempre mais frequentemente e a conjugarem-se em base a combinações sempre novas".[20]

3. Tecida a malha do conceito (ou a cada coisa o nome devido)

Chegamos aqui ao final da nossa rápida incursão pela produção acadêmica. A esta altura, as contribuições que podemos encontrar nesses estudos falam por si. São autoevidentes. Agora, para finalmente sintetizar o conceito que esses capítulos vêm procurando, precisamos voltar os olhos para a cena cotidiana — e real — da comunicação pública que aí está. Temos que nos afastar do acervo bibliográfico existente e olhar o mundo a nossa volta com olhos livres. Trata-se de ir além dos livros para divisar, no plano dos fatos, o objeto que nos desafia.

Se tivermos essa disposição, vamos notar que o objeto é um dado material, constatável a olho nu, passível de ser tocado. Ele se impõe como um fenômeno político suficiente, que independe de qualquer consideração de ordem epistemológica para existir e gerar efeitos. Sem empirismos, sem desprezo pelas pesquisas teóricas ou pelos estudos de caso, trata-se de verificar que a comunicação pública aí está, mais ou menos como uma montanha na planície. Montanha milionária: além de ser visível e palpável, é também sensível ao bolso do contribuinte, custando alguns bilhões de reais por ano aos cofres públicos. Enfim, para começarmos a identificar o nosso objeto com a nitidez que ele nos exige, olhemos o mundo com olhos abertos.

E o que é a comunicação pública prática, essa que impera na cena brasileira presente? É aquela que existe graças ao emprego de recursos públicos de várias naturezas e nas mais diversas escalas: é produzida e financiada pelo dinheiro que o Estado extrai dos cidadãos sob a forma de impostos ou taxas. É claro que, em tese, como vimos até agora, sempre se pode considerar a hipótese de formas de comunicação (sejam elas escritas, interativas, audiovisuais, puramente verbais ou ainda apenas imagéticas) que tenham o interesse público por norte e que tenham sido produzidas por empresas privadas, sem vínculos diretos ou indiretos com o Estado, mas não são a regra, e sim a exceção. Fora isso, às vezes mais, às vezes menos, todas, absolutamente todas as formas possíveis de comunicação que compareçam à esfera pública terminam por tangenciar, de algum modo, em alguma passagem, temas relativos aos direitos universais das liberdades individuais e de outros aspectos da vida social que refletem ou emulam o interesse público. Até mesmo uma revista pornográfica se beneficia da garantia democrática de ampla liberdade de expressão (sendo, nessa perspectiva, o exercício de um direito fundamental) — nem por isso se poderia dizer que as revistas pornográficas realizam comunicação pública. Da mesma forma, folhetos das missas católicas dominicais se dirigem a um público amplo e numeroso, e nem por isso podem ser definidos como peças de comunicação pública.

Podemos mesmo ter um tipo de comunicação confeccionada e veiculada por empresas com fins de lucro que acarrete na opinião pública efeitos de alto interesse público. É o caso de campanhas de solidariedade a vítimas de desastres naturais, ou de campanhas de promoção da alfabetização. Ainda assim, não poderíamos falar que essas campanhas são projetos de comunicação pública. Na sua finalidade, nos seus efeitos, elas têm, sim, uma dimensão pública, mas não são inteiramente públicas, já que suas formas de financiamento não são públicas e o processo decisório por meio do qual são definidas também não são públicos. Logo, em se tratando de encontrar um conceito, é prudente observarmos a cautela.

A hipótese da comunicação de interesse público paga com recursos privados e deliberada por entes privados não constitui comunicação pública. Do mesmo modo, como já se demonstrou aqui, nem toda comunicação que tenha lugar na esfera pública pode ser classificada como pública.

Isso posto, passemos à definição do nosso objeto. Há três critérios para que possamos estruturar essa definição. O primeiro é o dinheiro. Olhemos o país à nossa volta: a comunicação pública é essa montanha que aí está, bem no meio da planície, toda ela paga direta ou indiretamente pelo erário. Ela é pública no seu financiamento (o primeiro critério), embora possa não ser quanto aos outros dois: os processos decisórios dos quais emerge e a finalidade que busca alcançar. Com esses três critérios, será possível tecer aos poucos a malha do conceito.

De cara, nota-se que não há correspondência, não há o necessário nexo lógico, não há coerência entre os recursos que essa montanha emprega (que são públicos), os processos decisórios pelos quais é concebida e definida (que deveriam ser públicos, mas são por demais opacos para ser considerados como tal) e a finalidade a que ela se destina.

O problema da comunicação pública, hoje, no Brasil, reside nisso: é um precipitado de duas racionalidades divergentes, é uma unidade discrepante, um amálgama de duas naturezas que não se fundem, mas que encontraram um modo de se retroalimentar, numa simbiose consentida ou num parasitismo tacitamente autorizado. Em síntese, a comunicação pública no Brasil atual é o mais monstruoso embaralhamento de interesses privados e recursos públicos que se pode ver à luz do dia.

Num dos lados desse híbrido, o lado que se acomoda dentro do aparelho de Estado, manda a racionalidade administrativa, aquela que se ocupa de gerir a máquina administrativa. Aí, a verba pública trafega por escaninhos por vezes transparentes, ou formalmente transparentes, e outras vezes pega vielas inconfessáveis de mandonismo e clientelismo, sem quase nada de público. No outro lado, o que reluz na esfera pública, nos espaços mais variados da vida social (no intervalo comercial da novela, no outdoor no meio da estrada, no rádio ou nas mensagens que os contribuintes recebem pelo correio), a comunicação pública brasileira segue a racionalidade da publicidade comercial. Só que, nessa sua face, ela é regida por cálculos não econômicos, mas partidários. Nesse outro lado, nada mais existe de público.

Agora, sim, começamos a divisar o problema por inteiro: a nossa comunicação pública não é pública. Ao se entregar a ela, o ente público alimenta dentro de si um ser que não é público, uma vez que se põe a serviço de fins privados (pois fins partidários são fins privados), por meio de métodos que concorrem para privatizar os processos decisórios no interior do Estado. Note bem o leitor: essa comunicação se compõe de atributos públicos à medida que se financia com dinheiro público, envolvendo funcionários e equipamentos públicos, é contratada por órgãos públicos e mobiliza equipes que prestam serviços à administração pública. Ao mesmo tempo, ela se abastece de atributos privados quando enveréda por processos decisórios ocultos, mal explicados, e quando sai em busca de efeitos e benefícios privados (pois benefícios eleitorais são privados).

Por tudo o que se pode ver, de todos os ângulos pelos quais se possa observar a montanha impassível fincada no centro da planície, a finalidade da chamada comunicação pública não é outra que não a de fixar, para o governo, uma imagem positiva na opinião pública, por meio de um investimento público que gerará dividendos privados nas eleições seguintes. Como se vê, o nosso problema é um senhor problema.

Como isso aconteceu? Por quê? De que forma a política tornou possível que interesses partidários instalados no Estado se apropriassem a tal ponto de recursos públicos, por métodos dissimulados, para alcançar finalidades privadas? Aí está o problema. A comunicação pública no Brasil foi capaz de forjar pretextos jurídicos que dão conta de atender a requisitos formais como "campanha de utilidade pública", "comunicação de interesse público", peças de "comunicação institucional", e assim por diante, mascarando com objetivos oficialmente desinteressados a finalidade material de cevar o eleitorado.

Agora, o caminho para pôr de pé um conceito legítimo de comunicação pública passa por afirmar um princípio que, de resto, orienta as normas da gestão pública no estado democrático de direito. Assim como o Estado tem que ser público (salvo no que é expressamente excepcional), a comunicação financiada com recursos públicos deve se orientar por processos decisórios públicos na direção de uma finalidade pública. Por esse caminho, vai se esboçando uma concepção amadurecida, e mais contemporânea, do nosso objeto: a comunicação pública só se justifica dentro do estado democrático de direito se ela realizar o dever do Estado de informar. Como sabemos há bastante tempo, informar significa dotar o cidadão da informação que ele tem o direito de deter. Portanto, informar significa submeter os recursos públicos ao direito à informação do cidadão, o que é o oposto de submeter a formação da opinião e da vontade do cidadão às necessidades estratégicas das autoridades de turno. Logo, informar, nessa perspectiva, não significa infundir no público aquilo que o governo gostaria que as pessoas pensassem (isso, aliás, é uma boa definição do oposto do dever de informar).

O dever do Estado de informar apenas se consuma quando dados da gestão pública se tornam acessíveis aos cidadãos de modo fácil, compreensível, lógico e claro. Não por acaso, esse dever, com frequência, desagrada àqueles cujo interesse é o de garantir votos para o governo. Prestar contas não é prazeroso nem leve para quem governa. A comunicação pública, nessa perspectiva, é uma ferramenta para realizar aquilo que não é o suprassumo da felicidade para os governantes. A comunicação pública é uma ferramenta que deveria estar a serviço dos cidadãos, não dos governantes. Se estes a colocam a seu serviço pessoal, invertem os propósitos democráticos, com graves prejuízos para a sociedade.

Então, para entender o que a comunicação pública deve (ou tem que) ser, temos que descrever o que ela não pode ser. A sintetização do conceito de comunicação pública deve cuidar de repelir os casuísmos, que são convenientes ao poder, mas nefastos tanto para os estudos da comunicação (nos quais infundem a ausência de rigor e o germe da subserviência) como para a normalidade democrática (ao promoverem mensagens que desinformam e conduzem à deseducação política).

O princípio da *impessoalidade* ocupa um lugar estruturante nessa passagem. No Brasil, a impessoalidade é norma constitucional — e é ela que nos ajuda a entender por que a comunicação pública não pode incorrer no partidarismo (lembrando sempre que o governismo na comunicação é uma forma mais grave de partidarismo). Outra vez, é o mesmo princípio que ilumina a razão pela qual a comunicação pública não pode incorrer na promoção pessoal, seja ela direta ou indireta, que aparece quando a comunicação não promove diretamente a pessoa que ocupa o cargo, mas o logotipo ou o slogan que identificam explicitamente o governo daquela pessoa em particular. Por esse caminho, fica mais fácil entender por que a comunicação pública não pode estabelecer nexos imagéticos ou comunicacionais com logotipos ou signos de identificação de qualquer partido. Manobras como essa ferem gravemente o princípio da impessoalidade.

E aqui chegamos ao conceito do nosso objeto. Além de descritivo, é também um conceito prescritivo: *A comunicação pública se compõe de ações informativas, consultas de opinião e práticas de interlocução, em qualquer âmbito, postas em marcha por meio do emprego de recursos públicos, mediante processos decisórios transparentes, inclusivos e abertos ao acompanhamento, críticas e apelações da sociedade civil e à fiscalização regular dos órgãos de controle do Estado. Quanto às suas finalidades, a comunicação pública existe para promover o bem comum e o interesse público, sem incorrer, ainda que indiretamente, na promoção pessoal, partidária (do partido do governo), religiosa ou econômica de qualquer pessoa, grupo, família, empresa, igreja ou outra associação privada.*

A comunicação pública precisa ser pública. Se, no Brasil, ela não é, isso se deve à degradação dos costumes políticos, cujas razões, feliz ou infelizmente, escapam aos objetivos deste livro.

PARTE 2
As emissoras públicas e sua razão de ser

4. As públicas, as estatais e o que as separa

As emissoras públicas bem-sucedidas, em qualquer país, têm um denominador comum: procuram se definir como entidades pertencentes ao público, regidas por normas públicas e administradas segundo critérios públicos (não comerciais e, preferencialmente, não estatais). Nem sempre, contudo, essa definição prevalece — e aí já não estamos falando mais das que são realmente bem-sucedidas. Às vezes, o rótulo "pública" funciona meramente como fachada. Há redes de televisão e rádio estatais, controladas por ditaduras, que só se declaram públicas porque assim são mais eficientes na tarefa de dar sustentação à tirania.

Regimes autoritários e centralizados como os da China e de Cuba se valem abundantemente das emissoras estatais de rádio e televisão para controlar a sociedade. A própria Rússia de Vladimir Putin segue um figurino parecido, embora, nesse caso, o governo não seja o proprietário direto dos órgãos de imprensa: apenas dispõe de mecanismos para manietar a imprensa privada que acaba operando em favor do poder. Os veículos de comunicação em questão podem pertencer e ser geridos pelo Estado, ou podem ser nominalmente privados, mas estar de fato sob controle do governo. "A maioria dos regimes autoritários emprega tanto seus próprios órgãos de imprensa quanto os privados", observam Christopher Walker e Robert W. Orttung.[1]

Os dois autores advertem: não se trata de um fenômeno comunista ou pós-comunista. "Azerbaijão, Belarus, Camboja e Vietnã têm imprensa dominada pelo Estado, assim como Etiópia, Irã, Moçambique, Ruanda e Zimbábue (com a Venezuela se movendo rapidamente nessa direção)", prosseguem Walker e Orttung.

> Em todos esses países, comunistas, pós-comunistas e não comunistas, sistemas consagrados circunscrevem o acesso de uma ampla audiência a notícias e informações, dando forma à narrativa política dominante. Nesse sentido, é possível enumerar diversos governos democraticamente eleitos com inclinações autoritárias que, como os do Equador, Nicarágua, Turquia e Ucrânia, utilizam técnicas similares. [...] É aí que entra a imprensa estatal. Sem nenhuma ideologia (como o comunismo) na qual se apoiar, os regimes usam a imprensa para preencher a lacuna, oferecendo uma mistura de consumismo, nacionalismo, antiamericanismo e outras correntes intelectuais para manter o apoio popular ao regime.[2]

Outro uso inadequado do adjetivo "pública" para qualificar estações de rádio surgiu em países democráticos, principalmente na Europa, nos anos 1970 e 1980. Na época, pipocavam as rádios piratas, chamadas de públicas pelos seus animadores. Mas, a despeito da boa-fé que elas despertavam, não podiam ser chamadas assim pelo simples motivo de serem ilegais. Numa democracia, o que é ilegal, por definição, não pode ser considerado público.

Uma característica essencial das emissoras públicas está no modo como lidam com a informação jornalística e com os conteúdos culturais. Por definição, devem funcionar como um posto avançado daquilo que o cidadão tem direito a perguntar à autoridade (ainda que esta não goste de responder). Elas se definem pelo que são capazes de perguntar ao poder, não pelo que respondem em nome do poder. Estão a serviço do direito à informação do cidadão, não dos slogans que os governos se comprazem em fazer difundir.

No núcleo de uma boa emissora pública pulsam os melhores ideais da imprensa, como ajudar a sociedade a fiscalizar os atos de quem governa, garantir o direito à informação do cidadão e estender a todos a liberdade de expressão. É verdade que os órgãos comerciais de imprensa também cultivam esses ideais, mas a emissora pública pode ir além deles. Por não ter finalidade (nem necessidade) de lucro e por não ter um proprietário particular a quem prestar contas, pode subordinar-se diretamente à sociedade, o que lhe dá, ao menos no plano conceitual, uma vantagem considerável. Ela não precisa dar satisfações a anunciantes ou ao mercado. Não há como confundi-la, então, com um jornal privado comum, ou com uma emissora comercial, aquela que se estrutura como empresa privada, tem finalidade de lucro e se financia pela publicidade (no caso das emissoras abertas) ou pela soma de publicidade e receita de assinatura (no caso dos canais fechados).

A emissora pública também se diferencia radicalmente da estatal. Aí, porém, as fronteiras nem sempre são tão nítidas. Para ser efetivamente pública, assim como não presta contas ao mercado, não deve ser compelida a prestar contas à administração do Estado. Seu ritmo, suas instâncias, seu andamento, sua conformação institucional não se confundem com a formatação típica do aparelho de Estado. Mas onde estão exatamente as diferenças entre ambas? As respostas não têm sido tão pacíficas.[3]

Há semelhanças e aproximações fortes entre uma e outra. De início, a emissora estatal (de televisão ou rádio) tem que ser pública, ela também. Pela mesma razão que o Estado democrático tem o dever de ser aberto ao controle público e ao controle do público, a emissora estatal tem o dever de ser pública. Ao contrário da crença bastante arraigada na cultura política brasileira, uma emissora pertencente ao Estado não pode se eximir de estar a serviço do interesse público. Nada mais absurdo do que dizer que um canal de rádio, por pertencer ao Estado, não precisa ter compromisso com a verdade dos fatos e pode fazer proselitismo partidário a favor do governo, escondendo os acontecimentos que os gestores da máquina pública pensam ser negativos. Nada mais falso. As rádios e as emissoras estatais precisam se pautar pelos princípios constitucionais da moralidade, da legalidade e da impessoalidade; não podem ser usadas como instrumentos de propaganda governista.

Nesse sentido, as emissoras estatais devem ser tão públicas quanto aquelas que se denominam simplesmente públicas. A distinção entre elas, portanto, não está aí. O que em primeiro lugar define uma emissora estatal não é o seu grau de subserviência ao governo, mas o fato objetivo e simples de ela *pertencer* ao Estado. É aí que ela começa a se diferenciar da pública. Vamos então sistematizar um pouco melhor essas diferenciações.

Resumindo, a emissora estatal, dentro da tradição democrática, costuma atender a quatro requisitos.

— Quanto à forma de propriedade, ela pertence ao Estado. Tem a natureza jurídica de empresa pública (estatal), sendo uma figura jurídica da chamada "administração indireta", como é o caso, no Brasil, da EBC (Empresa Brasil de Comunicação). Bem sabemos que, declaradamente, a EBC pretende fazer "televisão pública" e, com esse espírito, põe no ar a TV Brasil, o seu canal mais conhecido, mas, em sua natureza jurídica, a EBC é uma estatal. São também estatais, no Brasil, algumas emissoras integradas à administração direta, como a TV Justiça (órgão do Supremo Tribunal Federal), a TV Câmara, (pertencente à Câmara dos Deputados) e a TV Senado (ao Senado).

— Quanto à forma de se sustentar, a emissora estatal conta com financiamento do Estado. Em algumas fórmulas mais atípicas, pode receber recursos extras de apoios institucionais (de fontes privadas), mas fundamentalmente é bancada pelo Estado.

— Outra característica decisiva é que, no caso das emissoras estatais, a gestão está subordinada a autoridades de um dos três poderes da República. Ainda que goze de algum grau de autonomia administrativa, não é independente do aparelho de Estado (ou do poder estatal).

— Consequentemente, a programação não é independente do Estado, mas sofre os limites, ainda que indiretos, decorrentes dos dois requisitos anteriores. A programação reflete pontos de vista e as angulações instaladas na máquina da administração direta — não há muito como ser diferente disso. A pauta da emissora estatal, portanto, é permeável à vontade da autoridade externa (externa, aqui, no sentido de que não integra o corpo funcional da instituição).

As emissoras estatais podem ser subdivididas conforme o vínculo que elas mantêm com cada um dos três poderes: a emissora governamental está ligada ao Poder Executivo; a emissora legislativa vincula-se ao Legislativo (federal, estadual ou municipal); a judiciária, ao Judiciário.

Desse modo, a emissora estatal não tem como escapar inteiramente às demandas de divulgação oficial que afloram da lógica interna do Estado. Ela não se situa fora da máquina estatal, não desfruta do distanciamento necessário para refletir livremente o debate e a diversidade cultural da sociedade e para olhar o Estado como um objeto que lhe seja exterior. Dada a sua localização institucional, é menos propensa à polifonia da esfera pública (que podemos entender como o espaço social em que os cidadãos, por meio de processos organizados de comunicação, debatem os temas de interesse comum e amadurecem suas posições coletivas).

Voltando à *emissora pública*[4] propriamente dita, ela também pode ser definida com absoluta precisão.

— Quanto à propriedade e à natureza jurídica, ela se define pela independência: não pertence ao Estado. No Brasil, por exemplo, poderia ter a forma de uma Organização da Sociedade Civil de Interesse Público (Oscip) ou uma fundação, tanto de direito público quanto de direito privado. O fundamental é que ela preveja mecanismos de verificação e fiscalização de sua administração pelo poder público (que não pode administrá-la diretamente) e também pelos cidadãos. Da parte do poder público, órgãos de controle podem fiscalizá-la rotineiramente, bem como o próprio Ministério Público. Da parte dos cidadãos, isso pode ser viável por meio de auditorias independentes que prestam contas ao público, ou mesmo pelos conselhos fiscais que contem com representantes da sociedade.

— Quanto ao financiamento, ela pode ser abastecida por verba pública (de impostos ou de taxas específicas, pagas de forma compulsória por todos os usuários, indistintamente). Pode ainda receber doações voluntárias dos cidadãos. Há canais públicos que recebem dinheiro de anunciantes ou de campanhas institucionais (que promovem marcas sem fazer propaganda de um bem de consumo específico), mas essa prática conspira contra sua vocação natural, uma vez que exige da emissora que ela preste contas de sua eficiência de veículo anunciante para agentes do mercado.

— Quanto à forma de gestão, seus dirigentes prestam contas apenas a um conselho interno. O órgão máximo de poder deve ser um conselho independente, integrado por pessoas que, mais do que representar a sociedade plural, tenham notoriedade e tenham conquistado o que podemos chamar de autoridade natural em suas áreas. A nomeação desses integrantes pode passar por — ou mesmo se originar de — órgãos de Estado (o que acontece, por formas e mecanismos distintos, com várias emissoras públicas no mundo). Isso não constitui embaraço, pois, uma vez selecionados e empossados, os conselheiros cumprem o mandato com autonomia expressa, protegida por marcos legais bem definidos. O conselho deve ser o responsável pela escolha do executivo-chefe, que, com autonomia administrativa, se encarrega da contratação dos dirigentes a ele subordinados, numa fórmula que evita que ocupantes de cargos na alta administração pública façam indicações "políticas" (vale dizer: fisiológicas) de diretores.

— Por isso, nas emissoras públicas, *a programação* denota alto grau de autonomia, que se manifesta de forma perceptível aos olhos dos telespectadores ou dos ouvintes. A escolha das atrações não deve depender de aprovação ou anuência de autoridades externas. A grade há de ser pautada por valores, metas e princípios que priorizem a diversidade de vozes, a experimentação de linguagem, a informação crítica e independente e a formação de cidadãos autônomos. Emissoras públicas repelem na prática e na tela qualquer finalidade comercial, partidária, governamental ou religiosa.

Neste ponto, vale a pena abrir um parágrafo para lembrar a figura da *emissora comunitária*, que, na metodologia taxonômica empregada aqui, pode ser classificada como uma subdivisão da emissora pública. Não sendo comercial nem estatal — e administrada por grupos que representam os interesses da própria comunidade a que se destina a programação —, a emissora comunitária pode também ser definida como pública. A sua especificidade (que a torna um modelo único) reside num único aspecto: a escala. Ela tem um campo de atuação geograficamente bastante reduzido. Seu alcance se restringe a áreas menores, cuja dimensão aproximada equivaleria a uma parte pequena de um município de porte médio no Brasil.

Na descrição sistemática da natureza das emissoras públicas, dois autores se destacam: Toby Mendel e Eric Barendt. O primeiro, no livro *Public Service Broadcasting: a comparative legal survey*,[5] estuda o Public Service Broadcaster (PSB), a designação geral de um sistema de radiodifusão pública utilizada em países da Europa, como Reino Unido, Japão e Estados Unidos (onde a rede de emissoras públicas americanas é chamada de Public Broadcasting Service, a PBS). O livro analisa a regulamentação em oito países. Mendel mostra que, nos melhores marcos democráticos, o serviço de interesse público (a radiodifusão pública) é regido pela independência, pela garantia de financiamento público (sobre o qual o governo não tem o poder de interferir) e pela transparência na gestão dos recursos (o que implica não apenas publicar o balanço anual da entidade, mas traduzi-lo de forma a que o público possa entender como o orçamento é aplicado na administração cotidiana). A boa emissora pública é aquela que realiza a sua missão de modo transparente por meio tanto da sua programação quanto da sua administração.

Nessa mesma obra, Mendel dá os parâmetros essenciais das emissoras públicas, tendo como referência a obra de Eric Barendt, que enumera[6] alguns aspectos fundamentais.

— A abrangência geográfica deve cobrir todo o território em que se encontram os cidadãos com direito àquele serviço.

— A identidade nacional e a cultura nacional devem inspirar a emissora pública, que estimula na população um sentimento de nacionalidade, ainda que diversa, não uniformizadora, assim como desperta o sentido de pertencimento e participação. Esse aspecto não é infenso a polêmicas, uma vez que pode indicar uma forma velada de nacionalismo regressivo ou mesmo autoritário.

— Também nos trabalhos de Mendel e de Barendt, a independência aparece como o grande fator-chave. Independência tanto em relação ao Estado quanto em relação a interesses comerciais. Uma programação de qualidade fornecida pelo serviço público de radiodifusão que atenda às necessidades da população não pode estar sujeita à mesma lógica de obtenção de fundos que as emissoras comerciais. Logo, o financiamento não pode depender do mercado, embora possa haver uma mescla de financiamentos públicos e privados.

— A programação, a pauta e o enfoque dos programas informativos devem buscar a imparcialidade, aqui significando um esforço de isenção e equidistância. O serviço público de radiodifusão também não deve promover causas partidárias ou religiosas.

— A diversidade de programação é outro consenso. As emissoras públicas devem oferecer uma programação variada, incluindo atrações de natureza educativa e informativa.

— O financiamento deve se originar, segundo os dois autores, de uma taxa paga pelos usuários, mas esse modelo não é usual. O mais comum é que o Poder Legislativo determine a dotação de verbas para o serviço público de radiodifusão.

Nas democracias mais estáveis da atualidade, a coexistência entre as emissoras públicas e as comerciais tem sido não só pacífica, mas também profícua. Umas e outras não são polos opostos num ringue, não são rivais. Apenas as lógicas são distintas, mas são também reciprocamente complementares. Enquanto as comerciais têm como modelo de negócio a venda da audiência — elas vendem fatias de tempo de seus telespectadores para os anunciantes —, as públicas seguem outro formato e são avaliadas pela relevância, alcance e penetração dos serviços que prestam à sociedade.

Claro que uma lógica se mescla à outra, conforme variam os países e as épocas. O que interessa é saber que ambas exercem (ou deveriam exercer) papéis separados, ainda que igualmente necessários. Não há sociedade livre sem emissoras comerciais. Não há democracia inclusiva sem emissoras públicas.

A emissora pública, com seu modo específico de se financiar, consegue oferecer atrações e conteúdos que não teriam lugar nas redes comerciais. É o que aprendemos das experiências históricas acumuladas ao longo do século XX. Como não visa ao lucro e não se orienta exclusivamente pela quantidade de telespectadores ou ouvintes, os canais públicos ajudam a proteger a esfera pública da chamada colonização pelo capital.[7] Graças a isso, a pauta do que é debatido na sociedade não precisa se subordinar exclusivamente a critérios mercadológicos (ditados em boa medida pelas preferências imediatas das audiências massivas). Assim, cumprindo funções complementares, as emissoras públicas e as comerciais, em seus campos próprios, fortalecem a democracia.

Por fim, como diferença substancial entre uma coisa e outra, lembremos a destinação social de cada uma. A TV pública tem foco na educação, na formação, na cultura, no jornalismo crítico e na interlocução horizontal entre as várias vozes da sociedade, embora deva ser também atraente, envolvente e até recreativa. A TV comercial, embora possa levar em conta a relevância, a cultura de alto nível e o jornalismo crítico, é parte da indústria do entretenimento, o que é outro universo, como veremos no próximo capítulo.

5. Exemplos e contraexemplos pelo mundo

As emissoras públicas ganharam corpo ao longo do século XX com o propósito de assegurar a saúde democrática da esfera pública. Contando com os serviços de estações de rádio e televisão comprometidas unicamente com o interesse público (e não com o comércio da diversão), as democracias acreditavam aprimorar o nível geral de informação da sociedade e aperfeiçoar os métodos de debate público pelos quais se forma a opinião pública e a vontade dos cidadãos.

Essa mentalidade prosperou especialmente na Europa — e de modo mais acentuado no pós-guerra. A partir de meados do século XX, a cultura política influenciada pelo pensamento da social-democracia encontrou um consenso em torno do projeto de confiar o serviço de radiodifusão (definido como *serviço público* em quase todos os países democráticos) às redes públicas. A meta era assegurar que os debates públicos não estivessem (tão) expostos às pressões do mercado e às interferências governamentais ou estatais, daí não ser desejável que a mediação do fluxo das ideias e das informações ficasse a cargo das redes comerciais ou das redes estatais controladas por governos. Com isso, esperava-se reafirmar na prática o pressuposto da igualdade de condições tanto para a liberdade de expressão como para o acesso à informação.

A história deixa claro que o projeto das redes públicas de rádio e, logo depois, de televisão, nasceu com uma forte carga de utopia. Deixa claro também que essa utopia deu certo e ganhou mais tônus imediatamente após a Segunda Guerra. De fato, em vários países europeus, as emissoras não comerciais e não governamentais foram bem-sucedidas em seu propósito de propiciar a circulação livre das ideias em sociedades que queriam superar os traumas dos regimes totalitários que foram varridos ao fim da guerra — e, claro, os traumas da própria guerra.

Embaladas por esse projeto, as redes públicas europeias de televisão e rádio permaneceram relativamente estáveis até mais ou menos a década de 1980, detendo a fatia dominante, quando não a totalidade, da audiência. A partir de então, alguns canais começaram a ser privatizados, e um novo ponto de equilíbrio se estabeleceu. Esse processo não afetou a convicção, ainda hoje prevalecente, de que só se pode falar de esfera pública democrática quando houver uma legislação — ou seja, quando houver regras públicas — que não permita que veículos comerciais de radiodifusão se apropriem do fluxo das opiniões e das notícias; marcos regulatórios democráticos protegem, por assim dizer, a simetria entre as múltiplas vozes e os múltiplos olhares que têm lugar no espaço público.

Embora não tenham sepultado as convicções de que o debate público não pode estar subordinado ao mercado do entretenimento e monopolizado pelas redes comerciais, as privatizações acentuaram o desgaste e o desprestígio de várias emissoras públicas. Muitas vezes, desgastes e desprestígios merecidos. Um caso emblemático ou mesmo escandaloso de perda de credibilidade aconteceu com a Rádio e Televisão de Portugal (RTP), que passou a sofrer ataques bem duros, entre outros motivos, pela revelação de que salários bem mais altos do que a média de mercado eram pagos a alguns de seus dirigentes.[1]

Entre todos, o melhor exemplo da desconfiança crescente que ronda as emissoras públicas talvez seja o da Radio Televisión Española (RTVE). A decadência dessa instituição nacional da Espanha virou manchete em 2005 com notícias de uma dívida acumulada na casa dos 7 bilhões de euros. No ano seguinte, a dívida saltaria para perto de 8 bilhões de euros.[2] Uma série de medidas entrou em marcha para salvar a instituição, mas a imagem da RTVE foi corroída de modo quase irreversível. O modelo de financiamento da rede foi posto em xeque. Até 2009, metade do orçamento anual de 1,1 bilhão de euros vinha de anúncios publicitários (a outra metade tinha origem estatal). Naquele ano, uma nova lei eliminou a publicidade da rede e o Orçamento Geral do Estado passou a responder por parte da receita — o restante deveria vir de uma contribuição das redes de TV e operadoras de telecomunicações privadas.[3] Em março de 2014, o jornal português *Diário de Notícias* publicou que o serviço público de comunicação espanhol apresentou um resultado líquido negativo de 113,3 milhões de euros em 2013.[4] Até hoje não há consenso sobre a melhor forma de pagar a radiodifusão pública na Espanha.

A mesma discussão está posta na França. Em 2008, o então presidente da República, Nicolas Sarkozy, aproveitou a antiga reivindicação de um segmento da sociedade e tomou a iniciativa de vetar anúncios publicitários nas emissoras públicas. Seu argumento era torná-las mais parecidas com a British Broadcasting Corporation, a gigante BBC, a mais luminosa referência mundial da comunicação pública. Para Sarkozy, as emissoras públicas da França deveriam oferecer à população uma alternativa que contrastasse com a TF1, hoje privada e comercial. Alegava ele que a receita perdida com o fim dessa atividade seria compensada por aportes estatais.

Acontece que, em vez de ser comemorada, a decisão foi interpretada como uma tentativa de enfraquecer a TV pública, que ficaria ainda mais dependente do governo.⁵ Em 2009, a decisão do governo passou a vigorar, e a veiculação de publicidade na TV pública francesa ficou proibida a partir das vinte horas. Para repor a quebra de receita, o governo providenciou, além dos repasses estatais, um imposto sobre o volume de negócios das operadoras de telecomunicações do país. De lá para cá, a medida gerou muita reclamação, além de um processo no Tribunal de Justiça da União Europeia. O debate continua.

A visão de que a receita com publicidade ajuda a manter a independência das emissoras públicas não é uma esquisitice francesa. Ao contrário, a ilusão de que o mercado publicitário pode ajudá-las a se proteger das garras do governo é bastante difundida em todo o mundo. Não são poucos os estudiosos que acreditam nessa tese. Diego Portales Cifuentes, entre outros, defende que "uma combinação entre financiamento publicitário majoritário e subsídios públicos a determinado tipo de programas parece ser uma alternativa desejável",⁶ embora ele mesmo reconheça que "a orientação para a audiência imediata gerada pelo financiamento publicitário deixa pouca margem de liberdade para a experimentação, a inovação e o desenvolvimento da diversidade de programas nas empresas sob a regulação exclusivamente mercantil".⁷ Cifuentes sustenta que a prioridade deve ser a independência dos canais públicos em relação ao Estado. Para ele, "as empresas que dependem da aprovação anual de orçamentos públicos não têm uma autonomia real, principalmente se esses orçamentos seguem a tendência de queda que prevalece atualmente".⁸ Ao conciliar publicidade e recursos estatais, as emissoras públicas, segundo Cifuentes, poderiam evitar os malefícios de um e de outro.

A proposta é vistosa, mas não garante independência de fato — por melhores que sejam as intenções de seus defensores. A dependência de receitas publicitárias acaba por minar a própria razão de ser das emissoras públicas, tornando-as muito semelhantes às comerciais. Quando aceitam a publicidade como meio de financiamento expressivo (com peso significativo no orçamento regular), elas não têm como evitar a adoção de critérios mercadológicos. A atração de público passa a ser vista como um meio para a atração do que realmente conta, o anunciante. Ela se torna, então, cada vez mais parecida com uma emissora comercial comum.

Só quem ganha com isso é o próprio mercado publicitário. O público sai perdendo. A emissora pública, mais ainda. Em vez de se colocar fora da lógica da indústria e da publicidade, acaba se tornando parte dela e, com isso, perde a condição de poder dedicar à publicidade e ao entretenimento comercial um olhar radicalmente crítico. Quanto mais pede socorro à publicidade, mais se confunde com ela — e menos consegue ser útil aos cidadãos que precisam de um olhar fiscalizador sobre os mecanismos do mercado anunciante.

Há ainda um problema adicional. Quando aceita veicular anúncios, a emissora pública passa a concorrer com a TV privada na disputa por anunciantes e pode mesmo incorrer na prática da concorrência desleal. O motivo é muito simples: enquanto os canais abertos comerciais vivem apenas da publicidade, os canais públicos têm a vantagem de ganhar um aporte financeiro do governo, o que lhes permite oferecer um preço menor pela mesma fração de tempo. Como parte dos custos já está paga pela receita pública, o preço do anúncio pode ser rebaixado.

Isso mesmo: além de abrir mão de sua independência, a emissora pública que vende anúncios oferece ao mercado uma tabela subsidiada. O tempo que ela vende para veiculação de propaganda já foi parcialmente pago por verba pública, isto é, pelo contribuinte, o que é o disparate do disparate.

Daí em diante, a emissora pública não tem como escapar: vai ficar cada vez mais parecida com a comercial. Isso significa que ela ficará cada vez mais desnecessária. As sociedades democráticas só precisam de canais não comerciais se forem capazes de levar ao ar uma programação substancialmente distinta, que não tenha como finalidade deixar contentes os anunciantes.

Os defensores da publicidade têm razão quando dizem que, quando paga a conta, o governo pode tentar interferir na programação. O Brasil prova isso todos os dias. Eles acertam no diagnóstico, mas erram na prescrição. A solução não está na substituição de parte do orçamento público pelo orçamento publicitário. A saída não está em pôr um pé em cada canoa. A solução está na proibição legal e efetiva de que autoridades governamentais tentem interferir na linha editorial, pois essa interferência constitui nada menos que tráfico de influência. Essa proibição não é impossível. Ela já foi testada com sucesso em várias partes do mundo. No Reino Unido, a BBC é financiada por uma taxa anual de 145,50 libras paga pelos lares equipados com TV. Para a cobrança dessa taxa, a autoridade do Estado é indispensável: é ela que se encarrega da arrecadação. Sem Estado, portanto, a emissora não existiria. Apesar disso, não há como um ministro ou um parlamentar se intrometer na linha editorial. O arranjo institucional em que está assentada a BBC impede que isso ocorra.

Falemos um pouco mais sobre a BBC. Referência mundial em matéria de excelência jornalística, a British Broadcasting Corporation, emissora pública de rádio e TV britânica, criada em 1922 (data em que fez sua primeira transmissão radiofônica), reina soberana como uma das mais reverenciadas centrais de produção de conteúdo de qualidade do planeta. É uma instituição pública que soube, ao longo do tempo, e desde que nasceu, assegurar o distanciamento com relação a interesses imediatos de governo. Criou escola. Os ingleses, e, por extensão, os cidadãos do Reino Unido, amam a BBC. Com justa razão. Sua fórmula de sucesso vem da independência tanto em relação ao mercado quanto em relação ao Estado. Com isso, ela tem oferecido programação de qualidade e pode remunerar muito bem dirigentes e funcionários.

Nos países onde as emissoras públicas possuem financiamento mais consistente e estável, como Reino Unido, Japão, Alemanha e países escandinavos, a taxa responde por uma parcela expressiva do orçamento. Na Alemanha, o financiamento obtido pela taxa é da ordem de 86%. O restante vem de receitas comerciais, como a venda de programas e, infelizmente, publicidade, mas há limites claros: os anúncios não podem ocupar mais de vinte minutos da programação diária (seguindo o padrão que vale para boa parte da própria televisão comercial) e não podem ser veiculados depois das oito horas da noite ou aos domingos. No Japão, 100% dos custos são bancados pela taxa. Na Suécia, Noruega, Dinamarca e Finlândia, a taxa cobre 90% do orçamento.[9] Há muitos entusiastas do financiamento por meio da taxa obrigatória, definida em lei, que cada lar com televisão pagaria. Stylianos Papathanassopoulos é mais um. Para ele, "o financiamento estatal direto pode, de uma maneira ou de outra, afetar seriamente a independência das emissoras públicas, ou, na melhor das hipóteses, a percepção pública de sua independência",[10] enquanto o financiamento por meio da taxa faz com que o público se sinta mais representado pela televisão pública do que quando ela é financiada diretamente pelo governo.

Embora as virtudes desse modelo tenham sido demonstradas em vários países, não é simples implantá-lo onde ele ainda não existe. O custo político é alto, já que mexe diretamente no bolso do povo. Depois, não há muito sentido hoje em pedir a alguém que pague por um serviço talvez mais restrito do que aquele oferecido pelas empresas de televisão por assinatura. Os padrões tecnológicos avançam velozmente, e o hábito de pagar por um pequeno grupo de canais abertos, se já não está arraigado às tradições, não é recebido nas sociedades atuais.

Nos Estados Unidos, as emissoras públicas se desenvolveram de modo totalmente distinto, ainda que subsistam pontos em comum com a história europeia. Também na tradição americana, a democracia soube separar muito bem a radiodifusão pública e a comercial. É verdade que a matriz americana se baseou muito mais no modelo de mercado. Sem prejuízo dessa opção, o Estado cuidou de implantar, principalmente por meio da agência reguladora para as comunicações, a Federal Communications Commission (FCC), criada em 1934, um regramento que procura impedir na prática a ocorrência de monopólios, oligopólios e da propriedade cruzada dos meios de comunicação (o controle, por um mesmo grupo privado, de um conjunto de veículos como estações de rádio, televisão e também órgãos impressos e sites na internet que permitam a esse grupo dominar sozinho, sem concorrentes, o mercado naquela região). Pode-se mesmo dizer que, nos Estados Unidos, o mercado realizou um projeto público de comunicação social. Às emissoras públicas foi reservado um lugar de honra, no qual não prosperou o costume de arrecadar recursos por meio da publicidade comercial.

A Public Broadcasting System (PBS), criada em 1969, tem estações em várias cidades, com programação e gestão independentes — tipicamente não comerciais e não governamentais. Quanto à forma de financiamento, conta com verbas destinadas pelo Congresso. Muitas das estações locais da emissora reforçam seu orçamento com doações voluntárias, não compulsórias, vindas diretamente dos cidadãos, que fazem contribuições individuais.

O destaque atual do sistema público americano, porém, não está na TV, mas no rádio. A National Public Radio (NPR), cuja audiência, numa rede colaborativa que reúne cerca de novecentas emissoras de rádio espalhadas por todo o país, cada qual com sua grade autônoma, vem crescendo desde o início do século XXI, registrando uma marca superior a 30 milhões de ouvintes. Mesmo com a crise que se abateu sobre as redações dos Estados Unidos nos últimos anos, a NPR ampliou sua influência, com jornalismo independente sobre temas de interesse geral.[11] A NPR, evidentemente, recusa-se a veicular publicidade convencional (que vende serviços ou mercadorias), e entende que, não sendo uma rede comercial, não deve depender do mercado anunciante.

A demonstração mais eloquente das distorções que o financiamento publicitário pode acarretar numa emissora pública pode ser vista na Televisión Nacional de Chile (TVN). Numa surpreendente decisão oficial, ela se subordinou inteiramente ao mercado — um passo que vem sendo bastante questionado e que deve ser reexaminado e talvez alterado no futuro próximo. A TVN é uma emissora pública, ou seja, é patrimônio público, propriedade do Estado. Não obstante, opera como se fosse uma emissora comercial qualquer. Criada pela lei nº 19 132 de 30 de março de 1992, está impedida de receber qualquer aporte de dinheiro de impostos. Para se financiar, então, é obrigada — por lei — a buscar faturamento publicitário.[12]

No campo da programação, o modelo de financiamento adotado gerou uma descaracterização completa. A TVN oferece em seu cardápio de programas apenas mais do mesmo. Atrações de auditório, jornadas esportivas, programas de humor e notícias comuns, exatamente como se fosse uma estação comercial. E compete por maiores nacos de audiência com suas concorrentes (privadas) para conquistar os anunciantes.

Num ponto, porém, a emissora é um exemplo positivo: embora tenha feição comercial, é obrigada por lei a publicar todos os seus números com absoluta transparência, algo altamente desejável em qualquer instituição pública. Graças a essa determinação, também estão disponíveis em seu site corporativo os resultados financeiros e a remuneração dos seus executivos.

6. Regulação e sociedade democrática

Os riscos potenciais de contradição entre mercado e democracia se tornaram lugar-comum dos embates políticos da atualidade, especialmente quando o assunto é a comunicação social. Aí, o único método para prevenir esses riscos vem da regulação democrática, com a adoção de marcos legais que normatizem e disciplinem o mercado, dando conta de conter a interferência estatal ou governamental nos conteúdos culturais e jornalísticos da programação, protegendo o regime de livre concorrência comercial e garantindo a pluralidade de vozes na esfera pública. A regulação moderna fortalece a liberdade. Erram, e muito, os que falam dela como se fosse uma ferramenta em prol da censura (e erram ainda mais os que querem dela se aproveitar para implementar pressões que resultem em censura velada).

Nos mercados em que não existem marcos regulatórios democráticos para a radiodifusão, a liberdade se fragiliza e as chances de interferência do poder na programação aumentam consideravelmente. Prova disso é o que se passa no Brasil. Entre nós, praticamente todas as emissoras públicas, durante todo o tempo, ficam expostas aos caprichos de autoridades. Leis verdadeiramente democráticas — como as que vigem nos Estados Unidos e no Reino Unido — impedem expressamente que governantes interfiram na gestão editorial e administrativa de emissoras públicas, assim como procuram combater o monopólio, o oligopólio e a propriedade cruzada dos meios de comunicação.

Nos Estados Unidos, foi precisamente esse princípio que orientou a criação da agência reguladora Federal Communications Commission (FCC), em 1934, que nasceu para impedir formas sutis ou ostensivas de monopólio. Assim ela se mantém, até hoje, orientada em torno de dois objetivos centrais: garantir, no plano político, a pluralidade de vozes e, no plano econômico, a concorrência saudável entre as diversas empresas do setor.

Foi essa regulação que propiciou as condições para que houvesse a convivência, nos Estados Unidos, de três grandes redes nacionais de televisão aberta — NBC, CBS e ABC —, que alcançaram seu apogeu entre os anos 1960 e 1990. Graças a essa regulação, o mercado norte-americano realizou um projeto público por meio de empresas privadas, cujo objetivo era fomentar uma esfera pública protegida contra manipulações de informação engendradas pelo aparato estatal ou pelo poder desmedido das grandes corporações. Com idas e vindas, erros e acertos, a FCC tem servido de anteparo a uma tendência natural do capitalismo, a concentração do capital (e do poder que daí decorre), e tem se mostrado capaz de promover na regulação as adaptações que os tempos requerem, conforme as mudanças de padrão tecnológico.[1]

Ao mesmo tempo, como já vimos, a regulação americana reservou para as emissoras públicas espaços de influência, com a Public Broadasting System (PBS) e a National Public Radio (NPR). Um marco regulatório eficiente e pluralista, capaz de preservar o lugar essencial da radiodifusão pública, fortalece a democracia, favorece a concorrência e gera as condições para que os talentos floresçam, as notícias fluam, a invenção estética seja mais frequente e pujante. Tem sido assim nos Estados Unidos, no Reino Unido, na Alemanha, no Canadá e na França. Infelizmente, não é assim no Brasil.

A verdade é que a radiodifusão no Brasil funciona praticamente à margem da lei. A expressão soa forte, dramática, mas é fiel aos fatos. O Código Brasileiro de Telecomunicações (instituído pela lei nº 4117, de 27 de agosto de 1962, e, mais tarde, complementado e modificado pelo decreto-lei nº 236, de 28 de fevereiro de 1967) não dá conta da complexidade tecnológica, social e econômica da atualidade. Ele não lida sequer suficientemente com o advento das redes de emissoras — para não falar aqui da internet e das novíssimas tecnologias digitais. Não obstante, o velho código, anacrônico, defasado, é o que está em vigor, criando uma situação inacreditável, na qual boa parte das práticas corriqueiras do mercado não é alcançada por normas legais. São práticas além da lei, por assim dizer.[2]

A Constituição Federal de 1988 julgou por bem tocar no assunto. O capítulo V, da Comunicação Social, nos artigos 220 e seguintes, estabelece os parâmetros fundamentais para a radiodifusão, prevendo lei complementar que os regulasse. Desde 1988, no entanto, nada de lei complementar. Os vazios abertos a partir disso são inúmeros. Citemos um deles. O parágrafo 5º do artigo 220 afirma que "os meios de comunicação social não podem, direta ou indiretamente, ser objeto de monopólio ou oligopólio", mas, como norma constitucional que é, não fornece e nem poderia fornecer a métrica que defina com números o que constitui monopólio ou oligopólio nesse mercado. Isso teria de vir de uma legislação infraconstitucional, a qual nunca veio. Se uma rede de TV domina 60% do bolo publicitário em determinada região, isso é monopólio? Ou não? Um patamar de 70% é monopólio? Ou bastariam 52%? Onde estão as balizas? Elas não estão em lugar nenhum.

Resultado: embora a Constituição proíba expressamente o monopólio e o oligopólio, a lei ordinária não define o que é isso e, em função desse vazio, a norma constitucional é ineficaz e inócua.

O problema não para aí. As relações entre políticos e o comando das empresas de radiodifusão no Brasil são intensas, frequentes, profundas, muito mais do que promíscuas. Outra vez, se quiséssemos seguir os termos da Constituição, essas relações não poderiam ser como são. Em seu artigo 54, a Lei Fundamental procura impedir que senadores e deputados mantenham contratos com empresas concessionárias de serviço público (e as emissoras são exatamente isso, concessionárias de serviço público). Essa medida está lá pelo mesmo motivo que levou a legislação eleitoral a proibir candidatos a postos eletivos de manter programas de rádio e televisão durante o período eleitoral: o objetivo é evitar que a radiodifusão deixe de ser um serviço público (para todos) e se converta em serviço particular (para benefício de poucos), administrada com a finalidade escusa de promover interesses particulares (como os partidários).

Pois bem: e de que adianta esse dispositivo constitucional? De nada. Para que serve o artigo 54 da Constituição? Para nada. Qualquer um é capaz de apontar dezenas de deputados e senadores que são, mais do que próximos, acionistas, donos ou dirigentes ocultos de emissoras — e pouco se pode fazer quanto a isso. O conflito de interesses é total — e nada se faz para combatê-lo. Como parlamentares do Congresso Nacional, esses políticos são responsáveis por examinar as concessões de frequências de radiodifusão para empresas particulares. Ao mesmo tempo, como pessoas vinculadas às empresas de comunicação, são diretamente interessados em muitas dessas concessões.

Não é só. Um fenômeno mais recente — a entrada de igrejas e organizações religiosas na esfera de decisão de redes nacionais de televisão e de rádio — vem tornando esse mundo sem lei ainda mais preocupante. O problema cresceu tanto que se tornou possível afirmar que a religião vem conduzindo parte dos negócios da radiodifusão. Estão hoje no ar emissoras — ou redes — católicas e evangélicas, de vários matizes, que são dirigidas, no todo ou em parte, por igrejas ou associações religiosas.

Isso contraria os fundamentos do Estado laico e da vida democrática, por motivos óbvios. Outra vez, citemos a Constituição, agora em seu artigo 19: "É vedado à União, aos Estados, ao Distrito Federal e aos Municípios estabelecer cultos religiosos ou igrejas, subvencioná-los, embaraçar-lhes o funcionamento ou manter com eles ou seus representantes relações de dependência ou aliança, ressalvada, na forma da lei, a colaboração de interesse público".

Ora, se o Estado não pode, sob nenhuma justificativa, deixar-se conduzir por interesses religiosos — exatamente para que todas as modalidades de fé recebam tratamento igual e tenham igualmente assegurados os seus direitos —, será que a radiodifusão, definida pela Constituição como "serviço público", poderia ser conduzida por esses mesmos interesses? A resposta é não, evidentemente.

Não que os diversos cultos não possam ter espaços de expressão nas emissoras brasileiras. Claro que podem. O que eles não deveriam fazer é comandar a radiodifusão. Para que seja efetivamente um serviço público, a radiodifusão precisa ser um serviço orientado por parâmetros laicos, exatamente como o Estado deve ser laico.

Quanto à promiscuidade entre igrejas e redes de rádio e televisão, há ainda mais dois complicadores que não se pode perder de vista. O primeiro é a possibilidade de uma confusão informal (e não declarada) entre recursos das igrejas e os fundos das emissoras, o que contraria frontalmente a legislação tributária. O regime tributário reservado às igrejas, que gozam de benefícios especiais, não tem compatibilidade com o que vale para as emissoras comerciais. Se as duas estruturas se confundem, se há a transfusão de recursos entre entidades religiosas e empresas de comunicação social, fica aberta uma possibilidade de sonegação, ainda que não intencional.

O segundo complicador tem a ver com o surgimento de novos partidos políticos identificados com igrejas (ou com doutrinas religiosas que aglutinam diversas igrejas). Esses partidos, sorrateira ou mesmo ostensivamente, veiculam suas mensagens, sobretudo em períodos eleitorais, nas emissoras com as quais se identificam. Outra vez, isso afronta os princípios da Constituição, cuja coerência interna ensina que os serviços públicos — como o de radiodifusão, prestado pelas emissoras (concessionárias) de rádio e televisão — não podem ser orientados segundo critérios partidários. Não obstante, o proselitismo religioso-partidário tem aumentado na radiodifusão brasileira, sem que existam limites ou parâmetros legais para isso. Novamente, a raiz do problema está na ausência de um marco regulatório para a radiodifusão.

Chegamos então ao ponto que mais nos interessa aqui: a situação das emissoras públicas e também das estatais. Sob que regime deveriam funcionar? Elas podem veicular anúncios publicitários — como ainda veiculam no Brasil —, concorrendo com emissoras comerciais? Podem veicular anúncios e ao mesmo tempo receber dotações orçamentárias do Poder Executivo? Governantes podem mandar e desmandar nas emissoras públicas, como se fossem produtoras dos filmetes do horário eleitoral de seus partidos? Nada disso está disciplinado, nada está resolvido. Aliás, nem mesmo a definição do que é uma emissora pública existe na nossa legislação. Há, quando muito, visões discrepantes em corpos normativos também discrepantes. A Constituição fala na "complementaridade entre os sistemas privado, público e estatal" (art. 223), mas ninguém consegue explicar direito, com base na lei, o que diferencia o sistema público do estatal. De novo, é preciso complementar a norma constitucional com uma legislação que estabeleça o marco regulatório do setor. De novo, não há lei à vista. Os governos que se sucedem se omitem. Os parlamentares, com as honrosas e conhecidas exceções, também. Nada, nada, nada. A radiodifusão brasileira vive à margem da lei. Opera praticamente na selva. É por isso que, no Brasil, não há emissora pública realmente independente. Todas elas ficam expostas às idiossincrasias da autoridade. E por que não mudamos esse quadro? Porque os governos não tomam a iniciativa. Porque o Congresso Nacional não toma a iniciativa. Os únicos beneficiários do vazio legal são as autoridades e principalmente os parlamentares associados às emissoras: como políticos, interferem à vontade nas emissoras públicas e estatais; como sócios ocultos, mandam nas privadas. Para eles, aí sim, o mundo não poderia ser mais convidativo, mais alvissareiro, mais disponível.

7. O caso da TV Cultura

Controlada pela Fundação Padre Anchieta, uma entidade pública e não estatal, a TV Cultura de São Paulo tem sido frequentemente apontada como o melhor exemplo de emissora pública no Brasil. Não sem razão. Bem sabemos que as alternativas, quase todas elas, não são mais do que desprezíveis, mas, mesmo assim, a TV Cultura tem méritos que devem ser reconhecidos.

A Fundação Padre Anchieta foi criada pelo governo paulista em 1967, em plena ditadura, mas em moldes nada ditatoriais. Já nasceu com um formato (uma estrutura organizacional) relativamente democrático. Até hoje, é a única instituição brasileira de comunicação pública que possui um conselho curador digno desse nome, ao qual cabe uma decisão capital: eleger o presidente executivo, que tem um mandato de três anos, podendo ser reeleito. Cabe a esse profissional, depois de empossado, contratar e demitir seus diretores e comandar a diretoria executiva, encarregada de gerir a empresa.

Não se trata de uma empresa pequena. Atualmente, a fundação mantém, além da TV Cultura, a TV Rá Tim Bum!, a Univesp TV, o canal MultiCultura, as rádios Cultura FM e Cultura Brasil e o portal www.cmais.com.br. A TV Cultura conta com grande estima dos telespectadores.[1] Desde sua inauguração oficial, no ano de 1969, oferece à sociedade uma programação com pontos altos, que não só conquista prêmios nacionais e internacionais, como, ocasionalmente, atrai bons índices de audiência. O orçamento vem, em parte, do caixa do governo do estado de São Paulo. O restante vem da iniciativa privada, principalmente na forma de receita publicitária. Sim: ao arrepio da melhor tradição dos canais públicos da Europa e dos Estados Unidos, a TV Cultura veicula anúncios, como se fosse uma emissora comercial. Isso, contudo, ainda não deu conta de estragá-la por inteiro.

O conselho curador tem 47 membros. Desses, 23 são eletivos — escolhidos pelo voto secreto entre os integrantes do próprio conselho —, três são vitalícios (Jorge da Cunha Lima, Lygia Fagundes Telles e Fábio Magalhães), vinte são membros natos — secretários de governo, reitores de universidades públicas e privadas, entre outros, alguns deles ligados ao governador ou exercendo cargos para os quais contaram com a nomeação do governador — e um representa os funcionários da instituição.[2]

Apesar dessa descrição, digamos, um tanto favorável, não devemos cair na ilusão de que a Fundação Padre Anchieta, contrariando tudo o que se vê nas emissoras públicas e estatais pelo Brasil afora, goza de real autonomia diante do Poder Executivo. As coisas não são bem assim. Na prática, o governo paulista tem, no interior da Fundação, um peso muito maior do que deveria ter.

Formalmente, tudo parece bem. No conselho, os membros natos (alguns dos quais, secretários de Estado no governo paulista) são minoritários. Portanto, não haveria por que supor que a vontade do governo pudesse ter um peso determinante, mas, para além do que é formal, esse peso é tudo. Não existe, na história da

Fundação, uma única decisão grave que tenha prevalecido contra a vontade do governador de turno. Houve governadores inconformados com um lance ou outro, mas a vontade do governo pesa mais que as outras, e o Palácio dos Bandeirantes acaba decidindo os destinos da Fundação Padre Anchieta, principalmente na escolha dos presidentes executivos da instituição. Mesmo na escolha dos membros eletivos, a predominância do Executivo se faz sentir.

Posso dar um depoimento pessoal sobre isso. Quando fui eleito para integrar o Conselho Curador da Fundação Padre Anchieta, em 2007, eu acabava de deixar a presidência da Radiobrás em Brasília. No governo federal, ao qual a Radiobrás estava vinculada, Luiz Inácio Lula da Silva, do Partido dos Trabalhadores, exercia a presidência da República. Em São Paulo, o governador era José Serra, do PSDB, que fazia oposição ferrenha a Lula. À luz das tensões partidárias daquele ano, os tucanos viam o meu nome com alguma desconfiança. Eu era um sujeito que tinha ocupado um cargo de confiança de Lula, nomeado pelo próprio, e vinha ocupar uma cadeira no órgão mais alto de uma instituição ligada ao Palácio dos Bandeirantes. Mesmo assim, fui eleito para o conselho, com os votos dos próprios conselheiros que lá estavam.

Isso significa que a minha entrada na Fundação se deu contra a vontade do governador do Estado? Não se pode dizer que tenha sido assim. Acontece que o secretário da Cultura do estado de São Paulo, João Sayad, insistiu na defesa do meu nome, para o que contou com o apoio de José Serra. Embora a minha afinidade com o PSDB e com o governador do estado fosse nenhuma, me tornei conselheiro graças ao convite e à sustentação do secretário da Cultura do governo paulista. E de muitos daqueles que viriam a ser meus colegas de colegiado.

Durante os três anos em que lá estive, cumprindo integralmente o meu mandato, fiz boas amizades, fui tratado sempre com muito respeito e cortesia, e perdi quase todas as vezes em que pus propostas em votação. Foram tempos movimentados. A ideia de que emissoras públicas não devem veicular anúncios comerciais, por exemplo, nunca encontrou adeptos suficientes. Eu falava praticamente sozinho. Quando resolvi contestar a transmissão dominical da missa católica celebrada em Aparecida do Norte, tive a minha derrota mais patética. Eu argumentava que uma emissora pública jamais deveria ceder horário a uma igreja em detrimento de tantas outras que, em tese, deveriam ter o mesmo direito. Fui vencido, claro, pelos que diziam que a missa de Aparecida do Norte era parte das tradições culturais brasileiras e, nesse sentido, tinha de ter lugar na grade de programação.

Um dia, em tom de brincadeira, um conselheiro apontou para o quadro na sala do conselho que retrata o velho jesuíta e disse para mim:

— Eugênio, isto aqui é a Fundação *Padre* Anchieta. Entendeu bem? *Padre* Anchieta.

Anos depois, em 2014, aquele *padre* seria sagrado *santo* pelo papa Francisco. A missa de Aparecida continuava na grade.

Isso significa que o conselho curador não apita nada? Não podemos dizer isso. Ele decide, sim. Sem sua aprovação, nada de mais sério acontece ali dentro. O ponto é que a influência política do governo é muito forte. Ali, o santo forte é o governo, sem nenhum demérito de Anchieta.

Em termos formais, portanto, é bom repetir, o conselho é autônomo. Tem a atribuição de fato e de direito de eleger o principal executivo da instituição (que não responde ao governador, mas ao próprio conselho) e, além disso, seus membros eletivos são majoritários. Em termos práticos, no entanto, sua autonomia é limitada pelo hábito de alinhar-se à vontade que vem do Palácio dos Bandeirantes, um hábito que, com bastante frequência, descamba no governismo, a pior doença que pode haver. No campo da ética jornalística, podemos dizer que governismo é uma forma bastante piorada de partidarismo: o governismo seria o "partidarismo a favor", isto é, a tentativa de distorcer a informação segundo um *parti pris* — nesse caso, a favor de quem já está no poder. Quando falamos de governismo na emissora pública, no entanto, estamos falando de um governismo muito mais encorpado, que dá conta de subordinar o equipamento público aos interesses partidários daqueles que estão no comando do Estado, mesmo que para isso seja necessário burlar a lei. O governismo é o maior inimigo interno das emissoras públicas no Brasil — e o é, entre outros motivos, porque nunca anda sozinho: sempre se faz acompanhar de outros, mais degradantes do que ele próprio.

Não dá outra. Numa gestão governista, empenhada em agradar ao chefe do Executivo, pequenos desmandos e uma larga licenciosidade administrativa acabam aparecendo. É a política do favor operando no miúdo. Onde há governismo, a qualidade vai para o brejo — ou para a lama. A Fundação Padre Anchieta tem resistido, não sem certa dose de heroísmo, a essa tendência devastadora. De vez em quando, porém, os vícios que acompanham o governismo, que podem incluir desvios administrativos, contra-atacam. Ocasionalmente, a própria instituição grita contra eles.

No dia 6 de maio de 2013, o então presidente da Fundação, João Sayad, que em poucas semanas encerraria sua gestão, no final regular de seu mandato, publicou um artigo bem pouco diplomático no jornal *Folha de S.Paulo*. O título parecia descrever a podridão malcheirosa do rio Tietê, cujas águas imundas passam a duzentos metros da sede da emissora: "Taxonomia dos ratos".[3]

Sem tocar no nome da TV Cultura diretamente e sem lançar acusações diretas contra quem quer que fosse, o dirigente confessou o próprio desalento, num testemunho de quem viu de perto o avanço da podridão, e com tal carga que, mesmo sem dar nome aos bois (ou aos abutres), não poderia ter sido mais contundente. Em sua gestão, João Sayad adotou medidas saneadoras na administração interna e criou programas de reconhecida excelência.[4] Parece ter sido em vão. Ao final, destilou esse sentimento derrotista, sobre o qual o seu artigo não deixa a menor dúvida.

No texto, Sayad define dois tipos de corrupção: a "grande" e a "pequena". A "grande" teria esse nome por envolver quantias vultosas. "É o mundo das negociatas impressionantes, das concessões viciadas, das toneladas de cimento", afirma no texto. "As características desse tipo de corrupção são duas. Primeiro, o bem público foi construído e entregue. Depois, o valor subtraído ficou conhecido e teve limite. Acabou a obra, acabou o roubo. E os culpados mudam de ramo e nos deixam em paz, se não forem presos."

Entre as duas formas de corrupção, o presidente da Cultura preferiu se ater à "pequena", a corrupção "de custeio", em jargão de economista. Essa negociata da raia miúda seria, na visão dele, a que "contrata parentes, compra papel higiênico superfaturado, orienta a criação de empresas de fachada para prestar serviços, cria cooperativas para pagar funcionários terceirizados, faz acordo de 'kick back' com os fornecedores e, principalmente, avacalha, paralisa e termina por matar a organização que administra". Nesses casos, o corrupto se instalaria no órgão público indefinidamente e buscaria "atender a fisiologia e a necessidade de financiamento eleitoral" — aí, precisamente aí, podemos ver como o governismo nas emissoras públicas tem certa tara pela corrupção "pequena", a que se farta dos benefícios ilícitos — para abrigar a fisiologia e para jogar uns miúdos no financiamento eleitoral — e assim vai regando os apadrinhamentos, o compadrio sujo e os cabos eleitorais sem nenhum caráter.

Sem ser explícito, Sayad apontou as administrações cuja eficiência era no mínimo duvidosa (e, na gestão pública, a ineficiência e a improbidade costumam andar juntas). Segundo demonstrou, a

TV Cultura perdia uma chance de fixar altos padrões de excelência administrativa, de autonomia financeira, de independência jornalística, de brilho cultural e de integridade funcional. Os pilares da transparência e da independência estariam roídos, sem pejo.

Claro que, a despeito das ratazanas e do pessimismo do então presidente, a vida continuou. Com idas e vindas, sístoles e diástoles, gestões limpas e outras nem tanto, a Fundação Padre Anchieta, ou *Santo* Anchieta, segue seu curso, às vezes mais longe, às vezes mais perto das águas infectas do Tietê, que costumam deliciar os ratos de quase todas as espécies.

O problema é que, quanto mais tardarem as reformas necessárias, mais difícil será o futuro. Para a TV Cultura se conduzir como instituição pública altiva e influente, terá que demarcar muito bem que é independente do governo. Não poderá mais sucumbir a conveniências fisiológicas. Terá de promover uma revolução interna de transparência, baseada em parâmetros públicos de avaliação de desempenho. Sem critérios e métricas para isso, não há como desenvolver os planos de carreira dos funcionários, nem há como medir, num contexto público, o grau de eficiência das equipes e a própria atuação das emissoras, que, no limite, precisam ser avaliadas pela sociedade com base em parâmetros objetivos. É por aí que um organismo de natureza pública pode construir os degraus para o aprimoramento do nível técnico, ético e, em certa medida, estético dos serviços prestados.

Como resulta óbvio, nada disso será possível sem independência (em relação ao governo). Se ceder à prepotência da vaidade de homens públicos, embarcando em afinidades ideológicas e no proselitismo fácil (que adula o ego dos mandatários e enfastia os telespectadores), a instituição corre um risco crescente de definhar até se diluir na irrelevância imunda do Tietê.

O melhor termômetro da independência é o jornalismo. Há outros, mas nenhum é tão fidedigno e tão imediato. A alma de uma emissora pública mora no seu jornalismo. Alguns acreditam que uma programação apenas educativa ou meramente recreativa basta para um bom projeto de comunicação pública. Outros acreditam até que o "entretenimento" pode servir para isso. Estão enganados.

Como exerce a função de mediar o debate público e, principalmente, de proteger o debate público da influência excessiva das relações de mercado, a emissora pública traz a vocação jornalística em seu DNA. Uma instituição que se exime de informar jornalisticamente a sociedade e que abre mão de debater ideias que interferem nos rumos políticos da nação renuncia à sua própria identidade.

Se olharmos com atenção, veremos que o espírito do jornalismo está presente em cada departamento de uma emissora pública. Ele não se esgota no noticiário. Tenhamos aqui um olhar mais amplo. Um documentário é jornalismo, assim como um programa de debates ou uma entrevista cultural. O respeito ao direito à informação do telespectador orienta toda a grade de programação do canal, mesmo durante o horário das atrações infantis. A vontade determinada de servir à sociedade e de formar cidadãos críticos, essencial a um bom projeto de comunicação pública, é também um ideal do jornalismo.

Foi, aliás, exatamente por isso que as emissoras públicas nasceram na Europa e nos Estados Unidos. Desde seu surgimento, tinham a missão de fazer jornalismo e promover a cultura. Elas não nasceram com funções decorativas ou para aplacar a má consciência dos de cima. Nasceram para informar, debater e criticar. Portanto, se o jornalismo vai bem, sinal de que outras atividades podem ir bem. Se o jornalismo está amordaçado ou acanhado, péssimo sinal.

Para a TV Cultura, o jornalismo tem sido historicamente o ponto crítico. Basta lembrar que foi como chefe do departamento de jornalismo da casa que o jornalista Vladimir Herzog foi preso, torturado e assassinado nas dependências do DOI-Codi, em São Paulo, em 25 de outubro de 1975. O jornalismo é quem machuca o poder. Logo, é ele o nervo que mais dói dentro de casa. Não há como ser diferente.

A grande interrogação, imensa, que se ergue às portas do futuro da TV Cultura é exatamente esta: o seu jornalismo será capaz de atender a população que a sustenta ou servirá apenas de fachada para uma linha editorial oficialista, subserviente? Esse jornalismo será mera fachada, estará sorridente e às ordens do poder (do Palácio dos Bandeirantes) ou terá disposição de fiscalizar esse mesmo poder — e de incomodá-lo? Este é — e será — o principal indicador da independência de uma emissora pública — e também da TV Cultura e de toda a Fundação Padre Anchieta.

Enquanto o Palácio dos Bandeirantes for o dono do dinheiro, as esperanças minguarão. Os secretários de Estado e os burocratas subordinados aos secretários dispõem das ferramentas legais para cortar o orçamento da Fundação. Sua caneta é a da chantagem. Nesse quadro, falar em independência será um tanto utópico. Enquanto a fórmula do financiamento não for equacionada, o futuro da Fundação seguirá em suspense. Com que fórmula de sustentação a TV Cultura pretende sobreviver?[5] E como ela poderá se proteger contra as pressões governamentais e os desmandos dos bajuladores?

Uma reportagem de Lúcia Valentim Rodrigues, publicada no caderno Ilustrada, da *Folha de S.Paulo* no dia 8 de agosto de 2011, "TV pública?",[6] mostrou que, ano após ano, o investimento público na Fundação Padre Anchieta vinha escasseando. Em 2003, ele representava 81,53% da receita da instituição. Em 2011, estava na casa dos 50%. Pouco depois, surgiram sinais de que o quadro poderia ser relativamente revertido. Segundo o Relatório de Atividades de 2012,[7] que veio a público em abril de 2013, o total de repasse de recursos do governo estadual à Fundação em 2012, 109,4 milhões de reais, voltaria a ter um peso maior dentro do orçamento geral. A cifra melhorou, assim como melhorou a captação de recursos com publicidade, patrocínios, licenciamento e canais pagos — que fechou o mesmo ano de 2012 com 35,8 milhões de reais, valor cerca de 30% superior ao obtido em 2011. A participação do dinheiro público voltou a crescer (passou para 75,6%), mesmo que a receita obtida no mercado tenha crescido em valores absolutos.

Aí vem a pergunta incômoda. O dinheiro dos cofres do Estado voltou à Fundação Padre Anchieta porque o governo se dispõe a sustentar um projeto crítico e independente? Ou porque as autoridades estão satisfeitas com a linha editorial das emissoras da casa? Se a resposta pender para a segunda alternativa, o cenário vai mal.

Seria ainda pior, contudo, se todo o orçamento da Fundação viesse de publicidade e de outros negócios com o mercado. O que na prática também seria uma sentença de morte, pois a instituição estaria cada vez mais vulnerável às exigências da publicidade e de outras relações de mercado. A consequência seria uma mudança radical nas suas feições e ela viraria uma cópia fajuta das emissoras comerciais.

Se tivesse consciência profunda de sua condição, a TV Cultura jamais aceitaria veicular, nem por uma dinheirama descomunal, publicidade de lojas de quinquilharias e de automóveis em seus intervalos. Ao cair nessa armadilha (um conto do vigário), fica esteticamente similar às outras: primeiro na cadência, no ritmo, depois na sua lógica interna, até o ponto em que não haverá mais diferença alguma entre ela e as comerciais. Passará, então, a prestar contas aos anunciantes em vez de prestar contas à cidadania. Terá morrido como emissora pública.

Cabe ao Estado assegurar os meios de financiamento público

das emissoras públicas, que, por sua vez, devem ter uma gestão transparente, eficiente, baseada nos princípios da legalidade, da moralidade e da economicidade. A fórmula saudável reside na combinação do financiamento público com gestão fiscalizada, auditada e competente, mas independente, acima de tudo, tanto do governo quanto do mercado. Se a TV Cultura quer ter um futuro, precisa assumir esse desafio. Não será um percurso cor-de-rosa, mas será bem melhor do que naufragar nas águas contaminadas pelo governismo, pela fisiologia, pelo tráfico de influência e pela corrupção dos tipos menores.

8. O caso da TV Brasil

Antes de integrar o Conselho Curador da Fundação Padre Anchieta, em São Paulo, fui morador da capital federal. Em Brasília, tive o emprego de presidente da Empresa Brasileira de Comunicação (Radiobrás), por um período não muito extenso: quatro anos, três meses, vinte dias e duas horas. Deixei o posto no dia 20 de abril de 2007, um pouco depois do meio-dia, feliz, mais experiente, e bastante aliviado. Foi lá que tive meu maior aprendizado nesse assunto todo.

Meses depois da minha saída, o governo mandou para o Congresso Nacional uma medida provisória criando a Empresa Brasil de Comunicação (EBC), nome quase igual ao da Radiobrás, do qual se diferencia apenas por um "eira" a menos). A medida provisória vigorou por uns meses e só foi definitivamente aprovada pelos parlamentares no ano seguinte. A lei que instituiu a EBC, nº 11652, leva a data de 7 de abril de 2008. A EBC nasceu da fusão de duas organizações que, naquela mesma data, ficaram definitivamente condenadas à morte: a Radiobrás e a Associação de Comunicação Educativa Roquette Pinto (Acerp). A primeira contava, na época, com duas emissoras de televisão (a TV Nacional, um canal aberto no Distrito Federal, e a NBR, um canal a cabo a serviço do governo federal), quatro emissoras de rádio, a Agência Brasil (produtora e distribuidora de notícias escritas para todo o país) e a Radioagência Nacional (encarregada de distribuir conteúdo de rádio pela internet). A Acerp detinha a TVE do Rio de Janeiro, uma estação de TV educativa no estado do Maranhão (a TVE-Maranhão) e a famosa Rádio MEC.

Devo deixar o registro de que, já demitido da Radiobrás, participei das reuniões de aproximação entre as duas empresas, no processo que começou a preparar a fusão. Foram reuniões tensas, mas deram certo. Outra curiosidade é que o nome TV Brasil, que viria a se tornar o carro-chefe da EBC, foi criado durante a minha gestão na Radiobrás. Nasceu em 2005 como um canal internacional de programas brasileiros e sul-americanos, destinado a telespectadores de todo o continente. A partir da fundação da EBC, esse projeto foi extinto, e o nome TV Brasil foi aproveitado para batizar o canal nacional da empresa.

Comparada às instituições que lhe deram origem, a EBC trouxe mais racionalidade à gestão das emissoras federais. O simples passo de agrupá-las num só organismo gerou mais eficiência. Com a administração centralizada, a economia de recursos e os ganhos de escala se tornaram mais viáveis. Com a TV Brasil, cuja programação passou a ser repetida em diversas emissoras públicas do país todo, a EBC elevou consideravelmente a média de qualidade dos programas de TV produzidos pela Radiobrás. A EBC é uma empresa bem mais rica que suas antecessoras. Enquanto a Radiobrás, em 2004, tinha um orçamento anual de pouco menos de 102,4 milhões de reais, a EBC, em 2013, teve um orçamento autorizado de 516,7 milhões.[1]

O advento da EBC legou ao país pelo menos um saldo positivo: impulsionou e qualificou o debate sobre a cultura de comunicação pública não governamental. Um dos sinais disso foi o lançamento, no auditório da própria EBC, do livreto *Indicadores de qualidade nas emissoras públicas — uma avaliação contemporânea*,² em 28 de junho de 2012, do qual sou um dos autores. Durante a solenidade, Nelson Breve, o diretor-presidente, defendeu a necessidade de uma gestão autônoma e independente em uma instituição como a EBC e leu o item "Valores", que consta do planejamento estratégico da empresa, que afirma o seguinte:

> Temos compromisso com a comunicação pública. Acreditamos na independência dos conteúdos, na transparência e na gestão participativa. Defendemos os direitos humanos, a liberdade de expressão e o exercício da cidadania. Valorizamos as pessoas e a diversidade cultural brasileira. Cultivamos a criatividade, a inovação e a sustentabilidade.³

Tudo isso autoriza uma leitura positiva dos primeiros anos da EBC.

Há também razões para preocupação. Apesar de poder ser considerada mais pública do que suas duas antecessoras, a empresa ainda não se emancipou do jugo do Planalto. Não que esteja dia após dia sob as rédeas do poder, mas a presidência da República tem, se quiser, meios para constrangê-la, pressioná-la e enquadrá-la. A empresa e os serviços que tem por missão prestar à sociedade estão sujeitos aos humores (ou interesses) de quem está no poder.

Talvez o governo de turno seja mais tolerante, mas os meios de mando estão todos lá. A qualquer momento, sob a justificativa mais personalista ou sob o pretexto mais idealista, as prerrogativas poderão ser acionadas, o que vai mandar por água abaixo o esforço de criar e manter a independência editorial.

O maior problema está na estrutura organizacional da EBC,

que se baseia em três conselhos: o de administração, o conselho curador e o conselho fiscal. Os dois primeiros atuam de alguma forma na condução da entidade, enquanto o fiscal cuida apenas da verificação e da aprovação das contas e da legalidade dos atos da gestão. O poder de fato reside no conselho de administração, que elege — e destitui, se assim o decidir — os seis diretores da empresa. O diretor-presidente e o diretor-geral, por sua vez, são escolhidos diretamente pelo presidente da República. O vínculo com o Poder Executivo, portanto, é total, muito menos sutil que os vínculos da TV Cultura com o Palácio dos Bandeirantes. E não é só. Como os cinco membros do conselho de administração são indicados pelo Poder Executivo (por ministérios ou pelo próprio presidente da República), como é de praxe com todas as empresas estatais federais, não há possibilidade de decisões que contrariem as diretrizes expressas dos ministros e do presidente da República.

O conselho curador é diferente. Sua criação (não existia nada semelhante na velha Radiobrás) representou um avanço de grande envergadura, embora todos os seus 22 integrantes sejam também designados pelo presidente da República. Apesar disso e de suas atribuições serem mais consultivas do que efetivas, o conselho curador traz um arejamento que não existia numa estatal incumbida de prestar serviços de comunicação social. Esse órgão aprova anualmente o plano de trabalho e a linha editorial da EBC, além de acompanhar e fiscalizar a exibição dos programas. Tem poder para, por deliberação da maioria absoluta de seus membros, emitir voto de desconfiança à diretoria ou a um de seus diretores, o que já é um alento. A segunda advertência resultará necessariamente em afastamento do diretor em questão ou, se for o caso, de toda a diretoria.

Um erro grave na criação da EBC foi manter o vínculo funcional da estatal com a Secretaria de Comunicação Social da presidência da República, a Secom, que tem status de ministério, e não com o

Ministério da Cultura (MinC). Nesse aspecto, a EBC é igualzinha à Radiobrás — e bem mais atrasada que a velha TVE do Rio de Janeiro, que se relacionava no governo com o MinC, não com a Secom. Isso significa que, em relação às estruturas da antiga TVE, a criação da EBC representou um atraso funcional, não um progresso.

De fato, se a disposição do governo era construir um grupo de emissoras verdadeiramente públicas e não mais um aparato de propaganda oficial, a EBC deveria estar vinculada ao MinC (um vínculo que não implica dever de obediência ao ministro, bem entendido). Essa seria a lógica natural. É assim em vários países europeus e deveria ter sido assim no Brasil. As razões para isso são várias e fortes.

A atividade das emissoras públicas tem uma afinidade natural com o escopo do Ministério da Cultura. Elas levam ao ar um conjunto de conteúdos que vão da música clássica, orquestral (algumas das emissoras públicas mais respeitadas do mundo têm suas próprias orquestras), às manifestações do folclore regional e do repertório ultraespecífico de certas comunidades quilombolas. O cinema nacional responde por outro componente bem familiar às estações públicas de TV em todo o mundo. Em alguns países, há políticas públicas de incentivo ao cinema que passam por parcerias com elas. Também o debate tipicamente jornalístico está mais próximo dos afazeres de um Ministério da Cultura do que de um organismo encarregado da propaganda governamental, sem nenhuma dúvida.

Ora, a Secom se ocupa exatamente da propaganda de governo. É incrível que o ministro titular dessa secretaria, que tem a prerrogativa de indicar nada menos que o presidente do conselho de administração da EBC, seja também a autoridade de primeiro escalão encarregada de zelar pela boa imagem do presidente da República. Não é preciso maior profundidade analítica para concluir que suas atribuições propagandísticas contaminarão, ainda que inadvertidamente, suas relações com a EBC, no presente ou no futuro. Não subestimemos os efeitos políticos que o vínculo com a Secom traz para uma televisão pública.

A Secom é também a responsável por contratar ou supervisionar a veiculação da publicidade oficial do governo, que não é de pequena monta. Trata-se, em resumo, de um ente anunciante, um grande comprador de espaço no mercado publicitário brasileiro. Ao ser também o ministério responsável por centralizar as atividades da EBC, uma empresa cuja atividade central está na radiodifusão (com emissoras de rádio e de televisão), a Secom é, ao mesmo tempo, anunciante e radiodifusora, o que pode acarretar situações embaraçosas ou mesmo gerar potenciais conflitos de interesses.

Isso sem falar nas funções de assessoria de imprensa e de relações-públicas do Planalto, também concentradas na Secom. Sendo assessora de imprensa da presidência da República, com que visão e com que missão irá atuar na centralização de um complexo de emissoras que se pretende público (não estatal)? Terá a isenção necessária para assegurar um debate plural e apartidário dentro das rádios e televisões? Ou estará sempre absorvida e monopolizada por sua função de guardiã de uma imagem positiva do governante?

Por essas e outras, a TV Brasil ainda não realizou o sonho de muitos de seus integrantes e formuladores. Ainda não se desvencilhou dos tentáculos e das teias da estratégia de propaganda do governo. Quanto a isso, a sua situação, repita-se, é mais preocupante do que a da Fundação Padre Anchieta. O cenário, enfim, não admite que sejamos otimistas em relação ao futuro próximo das muitas emissoras públicas ou estatais espalhadas pelo território nacional.[4] Para ter um bom sistema público de radiodifusão, o Brasil segue precisando de um novo marco regulatório e de uma disposição interna em suas maiores emissoras, que apontem claramente o caminho da independência como um valor inegociável.

9. A palavra "entretenimento" e as cinco bandeiras estéticas da TV pública

De modo geral, o termo "entretenimento" se aplica ao passatempo que ocupa as horas vagas, o tempo do lazer, o intervalo entre duas atividades ditas sérias, como o trabalho, o estudo, as práticas religiosas. O entretenimento acontece naquele período dito "livre". No entanto, desde a segunda metade do século XX, a palavra deixou de designar apenas o que o sujeito faz — ou não — nas horas vagas; virou o nome de uma indústria específica e poderosa. É um negócio global. Assim como a própria palavra "indústria" — que antes nomeava apenas uma habilidade humana — mudou inteiramente de sentido com a Revolução Industrial, a palavra "entretenimento" ganhou novo significado com os chamados meios de comunicação de massa.

Quando se ocupa do entretenimento, uma emissora de televisão é ocupada por ele. Essa emissora, então, passa a funcionar dentro da cadeia de valor e dentro da teia discursiva da indústria da qual se imagina apenas cliente.

Nesse contexto, quando uma TV pública afirma que oferece entretenimento, pronuncia uma agressão selvagem contra a própria vocação. As emissoras públicas não fazem entretenimento. Ao contrário, elas são tanto mais públicas quanto mais se dedicam a desmontar os cenários inebriantes erguidos pela indústria do entretenimento, cujo núcleo é o fetiche da mercadoria. Só assim podem ajudar seus telespectadores a ter uma visão crítica dessa indústria. Se uma emissora pública quer se diferenciar, basta oferecer programação de bom gosto, acessível, crítica e envolvente. Basta que trabalhe com a cultura, distanciando-se das engrenagens do entretenimento.

Não que não haja cultura na indústria do entretenimento. A cultura, bem se sabe, está em toda parte. Mas a cultura não se reduz a uma indústria, é mais extensa que uma indústria. Tomar o entretenimento como o todo da cultura ou como o detentor das múltiplas ramificações da arte é incorrer num reducionismo fatal.

Por esse raciocínio pode-se compreender com mais clareza as distinções estéticas profundas entre a vocação da televisão comercial (agente da indústria do entretenimento) e da pública. Se, no plano ético a bandeira da independência (em relação ao Estado e ao mercado) é a pedra de toque, no plano estético existem cinco bandeiras que sintetizam a diferença que conta.

Essas bandeiras estéticas[1] seriam:

ALMEJAR O INVISÍVEL

Como sujeitos falantes, sujeitos de linguagem, temos olhos educados pela linguagem. Só vemos verdadeiramente os objetos aos quais sabemos dar nome. Ver, nesse sentido, é reconhecer, mais ou menos como ouvir é reconhecer palavras (ouvimos de verdade as palavras que já conhecemos). O olhar *reconhece* as coisas do mundo e assim as vê. O mesmo mecanismo se instala entre os olhos do telespectador e a tela eletrônica.

Diante disso, objetivo permanente da televisão pública deve ser o de *furar o pano do visível*, deixando entrever aí o que não foi ainda domesticado pela indústria do entretenimento. A televisão pública deve conspirar contra o invólucro imaginário que embrulha o que chamamos miseravelmente de realidade. Por aqui, também, entendemos um pouco melhor o sentido da experimentação de linguagem.

Almejar o invisível significa não compactuar com a ilusão essencial do entretenimento, que consiste na idolatria do que é visível. O entretenimento apoia no visível o critério da verdade — e de reduzir a experiência estética ao mundo sensível já decodificado e conhecido. Ora, pelo menos desde Platão o pensamento sabe muito bem que o visível não é — nem contém — o critério da verdade. O visível é algo que nos fala aos sentidos, mas o conhecimento, a razão, o entendimento, a expressão das ideias e principalmente a arte (que trabalha o sensível para ir além dele) se estendem para além das fronteiras do que vemos com os olhos.

A televisão pública não deve se contentar com figuras, cenas e imagens. Deve ir atrás fundamentalmente de ideias em curso, ideias em movimento. Para almejar o invisível é preciso, então, sair da postura de bajular as plateias, dando-lhes mais (ou menos) do mesmo, mais (ou menos) do que já é sabido e conhecido. Bajular as plateias, a propósito, é uma das atitudes que definem o comportamento da indústria do entretenimento.

DESMONTAR A OFERTA DO GOZO PRÉ-FABRICADO

A segunda bandeira é uma evolução da primeira: a televisão pública deve problematizar o ciclo do gozo do olhar, deve oferecer o fator crítico, problematizador, no qual a indústria do entretenimento é o entorpecimento como forma de pacificação. Observemos que até mesmo — ou principalmente — as peças publicitárias agem por aí: mais que mercadorias distantes, oferecem o gozo próximo, o prazer do consumo subjetivo da imagem que se antecipa ao ato social, material, de consumir a coisa corpórea. Desmontar essa oferta de gozo imaginário (gozo pelo olhar) é insinuar o diferente em vez de insistir na reincidência de doses maiores das mesmas sensações.

BUSCAR O CONTEÚDO QUE NÃO CABE NA TV COMERCIAL

Já vimos que uma sociedade democrática precisa dos dois pratos da balança: a televisão comercial e a pública. O que a televisão comercial faz, a pública não deve pretender fazer. Deve eximir-se de fazer. Embora as fronteiras entre uma e outra sejam fluidas e nebulosas, até mesmo imprecisas, a receita funciona.

Ao mesmo tempo, o que a televisão pública faz, se estiver centrada em sua missão, a comercial não consegue fazer (mesmo que tentar). Essa terceira bandeira prega, portanto, o cultivo da diferença. É preciso identificar onde está a forma de comunicação que a televisão comercial não pode fazer — justamente aí, nesse ponto escuro, invisível, está a luz sutil de um pequeno farol que ajuda na condução da TV pública.

Os conteúdos que não caberiam na TV comercial não são necessariamente os chatos, embora a palavra "chato" não seja, na televisão pública, o mesmo adjetivo nocivo que é na televisão comercial. A propósito, a televisão pública não deveria temer a chatice como se ela fosse um abismo. O que a indústria do entretenimento chama de chatice é apenas aquilo que ela não compreende ou não enxerga. Para o pensamento, o lugar do que é chato é diferente, bem diferente. A televisão pública deveria temer a engabelação, a tapeação, a demagogia, o sensacionalismo. Logo, o seu vício não está naquilo que o ritmo do divertimento industrializado chamaria estritamente de chatice. O vício da televisão pública é o complexo que a leva a tentar imitar o entretenimento, numa espécie de bovarismo espetacular. A chatice é um vício, sim, mas um vício típico da televisão comercial, a peste da qual ela foge obstinadamente, tanto e com tanto medo, que todos os canais comerciais se parecem iguais.

Se o primeiro dever da televisão pública, no plano da ética, é ser independente, no plano estético o seu grande desafio é ser independente desse círculo vicioso. A experimentação estética não pode conviver com o medo da chatice ou com o imperativo de agradar às maiorias médias o tempo todo.

Claro que a televisão pública não precisa primar pelo que é notoriamente enfadonho — o que hoje vem acontecendo, por sinal, justamente porque ela insiste em copiar, de modo rebaixado, os modelos privados dominantes. Claro que ela não vai se esforçar para buscar a chatice — ao contrário, vai correr o risco necessário para ser inteiramente distinta, ainda que também corra o risco de esbarrar na chatice.

EMANCIPAR EM LUGAR DE VENDER

A TV pública fracassa quando sucumbe ao impulso subalterno de se desejar desejada. Sua vocação é problematizar essa modalidade primitiva de sedução — ou de mendicância afetiva. Ela quer, sim, desconstruir esse jogo sem saída e desarticular as armadilhas. A proposta de comunicação que ela faz é mais incerta, mais ingrata, mais provocativa — indispensável para a diversificação de linguagens. Ou será assim ou ela não conseguirá deixar de ser linha auxiliar da indústria, às vezes até lhe fornecendo produtos para a comercialização.

A televisão pública não quer público cativo como a televisão comercial. Pensemos bem sobre o sentido amplo dessa palavra, cativo. Nessa perspectiva, a televisão pública não tem a missão de ser cativeiro, de prender os olhos do telespectador, mas de atuar como fator de emancipação. Existe para tornar o sujeito suficientemente autônomo para, no limite, poder prescindir da própria televisão. O pesadelo que atormenta a televisão comercial é aquele de que, um dia, as pessoas não precisem mais dela. A realização da TV pública é o contrário — é a emancipação. Ela não teme a emancipação e por isso pode se diferenciar. Ela se realiza mais ou menos como o professor que só vê a sua missão cumprida quando o aluno alça voo próprio, libertando-se de suas aulas. E só assim, com a proposta de firmar com a sociedade um pacto emancipador, conseguirá atrair mais gente, pois saberá corresponder a uma necessidade que se encontra em aberto, que a televisão comercial não consegue atender.

A televisão comercial pode até ser educativa, se encontrar caminhos para isso. A televisão pública é uma instituição que precisa produzir gente emancipada, liberta, crítica — e pode até se tornar um sucesso, se for radical no seu compromisso de emancipar. O negócio da televisão pública não é entretenimento e, indo mais longe, não é sequer televisão: é cultura, informação, liberdade. Para a televisão comercial, o meio é um fim em si. Para a pública, o meio é uma possibilidade em aberto.

DESVENCILHAR-SE DO MEDO DO "CHEFE"

Os administradores da TV pública no Brasil vivem amedrontados pelo pesadelo de perder público. Chega a ser cômico. Nada poderia ser tão alucinado: não podem perder o que não têm. Mesmo assim, vivem com medo de perder (ainda mais) audiência. Temem perdê-la porque temem levar bronca dos seus chefes, que são os governantes. Esses administradores voltam as costas para os cidadãos, que deveriam ser seus chefes autênticos, e batem continência para a autoridade. Não sabem que só perdendo o medo do "chefe" perderão o medo de perder público, e aí, sem esse medo, é que atrairão o público de verdade.

A falta de público não deveria assustá-los, pois tem sido a sua rotina. Para a TV pública, só um caminho é possível: não competir com a televisão privada. Não copiá-la. Não homenageá-la com seu medo irrefletido. Se não se libertar dessa subserviência, não terá valor para a democracia, para a cultura e para os olhos que se abrem diante dela.

10. Ainda uma palavra sobre independência

Os modelos empregados por emissoras públicas no Brasil e no mundo, relatados nos capítulos anteriores, sintetizam as principais formas que elas adotam para mediar o fluxo de informações e ideias no espaço público. Também ficaram mais nítidos os modelos de relacionamento entre elas e o governo, o mercado e a sociedade.

Depois de conhecer, ainda que superficialmente, as opções de naturezas jurídicas, estruturas organizacionais e configurações de financiamento, pode-se vislumbrar melhor a razão de ser das emissoras públicas. Também há de ter resultado suficientemente claro que essa razão de ser só se materializa com a prática diária da independência. Sabemos, desde muito tempo, que qualquer ideia de independência supõe o manejo da noção de interdependência, pois todos os agentes que têm lugar na esfera pública se relacionam em perspectivas interdependentes. Sem prejuízo dessa (boa) noção, contudo, os marcos da independência administrativa e editorial continuam na ordem do dia para todo veículo que pratique o jornalismo e, em especial, para qualquer emissora pública que tenha, em seu âmago, o propósito de realizar as tarefas que cabem classicamente à instituição da imprensa nas sociedades livres.

Não importa qual seja o cenário de atuação, a vida de uma emissora pública é regida pelo conceito de independência. Esse conceito envolve a ideia de autonomia, assim como envolve o princípio fundamental da liberdade de expressão. O conceito ganha concretude em três vertentes que combinam e se entrelaçam de modo inseparável: a independência financeira, a independência administrativa e a independência editorial.

A primeira se realiza na existência de mecanismos legais que assegurem que os recursos públicos serão aportados independentemente da vontade ou do humor dos governos. Por independência administrativa, entende-se a capacidade da emissora de tomar suas decisões executivas autonomamente, sem se subordinar a autoridades externas, conduzindo livremente a sua gestão cotidiana. Por fim, a independência editorial é aquela que garante que a escolha dos programas, das equipes e das pautas jornalísticas sejam decisões internas, não se reportando, em nenhum momento, à aprovação de autoridades externas. A avaliação das condutas de uma emissora pública pode e deve ser exercida por toda a sociedade. As decisões jornalísticas imediatas, porém, devem ser tomadas com independência em relação a qualquer autoridade externa.

O debate sobre radiodifusão pública, sobre sua definição, seu alcance, suas necessidades e suas possibilidades, tem atravessado décadas e tem alcance mundial, desde a primeira metade do século XX. Formou-se aí uma clareza de larga aceitação quanto à necessidade das emissoras públicas. Elas existem para contribuir de modo central na mediação do diálogo entre os cidadãos. Elas atuam sobre o mesmo tecido do qual emergem as soluções democráticas. Por isso, não poderiam ter como único objetivo o lucro.

Se existem ao lado de emissoras comerciais, não podem se confundir com elas.

Tal mentalidade, que forneceu as bases dos sistemas de emissoras públicas na Europa e nos Estados Unidos, contribuiu também para a criação e a atuação dos órgãos reguladores, que monitoram as práticas do mercado, coibindo abusos.

Segundo essa mesma base conceitual, a radiodifusão é entendida em sentido amplo como serviço público — mesmo quando explorada, por meio de concessão pública, por empresas privadas.

Daí a vocação de todo o sistema, envolvendo sua faceta pública e a privada, de levar informação e cultura à sociedade, proporcionando melhores condições para o livre trânsito das ideias e para a formação crítica dos cidadãos.

Daí a necessidade de independência em relação ao Estado e, de modo mais específico, aos governos, mas também em relação ao mercado. Não custa repetir. Emissoras submissas ao poder ou ao mercado (que é outra forma de poder) não geram programações públicas de qualidade, não oferecem à sociedade as alternativas culturais que estão incumbidas de oferecer. Se for uma extensão dos interesses governamentais, a emissora pública não conseguirá sediar debates que critiquem esse mesmo poder. Se for seguidora obediente das regras do mercado anunciante, a emissora pública não poderá, não saberá e não conseguirá pautar programas que tenham uma abordagem crítica das realidades de mercado.

Sim, a independência se consagrou como um valor essencial para qualquer meio de comunicação. Mas no caso das emissoras públicas é também na independência que a qualidade da produção finca raízes, ganha força e floresce sob a forma de conteúdos informativos que venham a atender o direito que o público tem de duvidar do poder, questioná-lo, inquiri-lo, de imaginar o mundo como ele não é, partilhar os desdobramentos de sua crítica e sua imaginação e utilizá-los em benefício de sua liberdade.

PARTE 3
Uma voz anacrônica

11. A locução que silencia a notícia

No dia 10 de julho de 2013, uma quarta-feira, a presidente Dilma Rousseff enfrentou um constrangimento e tanto: foi vaiada enquanto discursava na 16ª Marcha dos Prefeitos, em Brasília. Passava um pouco das onze da manhã quando ela encarou um contingente de aproximadamente 4 mil alcaides no Salão de Convenções do Royal Tulip Hotel. Enquanto ocupou a tribuna, ela também escutou aplausos, é bem verdade, mas, nas ocasiões em que as autoridades anunciam a liberação de verbas, exatamente o que ela fazia naquele momento, as palmas são mais do que esperadas. Protocolares, não trazem surpresa. O que chamou a atenção no episódio foi que os aplausos eram frios — enquanto os apupos eram esganiçados, ou mesmo contundentes, vigorosos, e partiam de chefes municipais acintosamente em fúria.

Naqueles dias, a presidente não vivia exatamente uma lua de mel com a opinião pública. Experimentava um desmoronamento da popularidade. Segundo pesquisa do instituto Datafolha, divulgada no dia 29 de junho de 2013, os índices de aprovação de Dilma (porcentagem de eleitores que consideram seu governo ótimo ou bom) mostrava um declínio de 57% para 30% em três semanas. Outra pesquisa, essa de intenção de voto, também do Datafolha, divulgada no dia 30 de junho, apontou que a quantidade de eleitores disposta a votar em Dilma em 2014 tinha recuado de 52,8% para 33,4%.

Pouco menos de um mês antes de escutar sinais ostensivos de antipatia no grande Salão do Royal Tulip, ela tivera um dissabor parecido. No dia 16 de junho, na abertura da Copa das Confederações no Estádio Mané Garrincha, também em Brasília, escutou três ondas de vaias maciças, espessas, que a encabularam diante do presidente da Federação Internacional de Futebol (Fifa), Joseph Blatter. Naquele dia, quando a Seleção brasileira venceria o Japão por três a zero, os torcedores, antes mesmo de a partida começar, deixaram claro que a presidente da República não era bem-vinda. A primeira onda de alarido veio imediatamente antes da execução do hino nacional, quando seu nome foi anunciado pelo sistema de som. A segunda se levantou quando o presidente da Fifa mencionou Dilma em seu discurso. Em seguida, as vaias se misturaram aos aplausos de parte da torcida enquanto a própria presidente declarava oficialmente aberta a Copa das Confederações.

Mesmo assim, ainda que todo mundo já soubesse que o governo federal vivia um período de poucos afagos com plateias em geral, a recepção negativa que os prefeitos deram à presidente chamou a atenção. Já na véspera, dia 9 de julho, na abertura da 16ª Marcha, os presentes deram um sinal bem claro de sua disposição pouco amistosa. Vaiaram até mesmo a ausência da presidente, que era aguardada na solenidade inaugural. Quando seu nome foi lido no microfone, no instante em que anunciaram que ela não estaria presente, gritos e assovios de reprovação irromperam no auditório.

No dia seguinte, 10 de julho, Dilma decidiu comparecer, certa de que levaria a todos o que seria saudado como uma boa notícia: uma ajuda financeira para os municípios. Ainda que alguns a tenham aplaudido de pé, a turma da vaia não silenciou. Entre os insatisfeitos, muitos reclamavam porque a revisão do Fundo de Participação dos Municípios (FPM), velha reivindicação das cidades, não tinha sido sequer mencionada na fala presidencial. O clima ficou tenso, e a chefe de Estado fechou a cara. Com o dedo em riste, seguiu lendo seu discurso. O barulho a interrompeu algumas vezes. Quando por fim deixou o microfone, palmas e vaias competiam em decibéis. Mas as vaias, é claro, roubaram definitivamente a cena.

A notícia correu o país. Naquela mesma noite, a âncora do *Jornal da Globo*, Cristiane Pelajo, leu uma chamada cujo tom era de obsessiva busca por equilíbrio: "Num encontro com prefeitos em Brasília, a presidente Dilma Rousseff foi aplaudida e vaiada no fim do discurso". A reportagem que entrou no vídeo logo a seguir tinha pouco mais de um minuto e meio, apenas o suficiente para resumir os anúncios da presidente — ampliação do programa Minha Casa, Minha Vida e liberação de dinheiro para as prefeituras — e exibir os trechos do discurso nos quais ela foi interrompida por gritos de prefeitos pedindo a revisão do FPM (um prefeito chega a gritar "Passa o dinheiro!"). Por fim, vieram as frases finais do discurso de Dilma, que logo se retirou do palco entre palmas e gritos de repúdio.

No dia seguinte, os três principais jornais do país — *Folha de S.Paulo*, *O Estado de S. Paulo* e *O Globo* — noticiaram a barulheira. O *Estadão* estampou em sua capa a chamada "Dilma anuncia 3 bi a prefeitos, mas é vaiada" ao lado de duas fotos: uma de prefeitos gritando e outra da presidente com o dedo em riste. A *Folha* optou por uma foto um pouco maior dos alcaides abespinhados e deu uma chamada na mesma linha: "Dilma é vaiada por prefeitos durante anúncio de repasse". Dos três diários, quem deu maior destaque à Marcha dos Prefeitos foi *O Globo*. Usou as mesmas fotos dadas pelo *Estadão*, mas um pouco mais ampliadas, e, logo abaixo, um texto-legenda com um título brincalhão, "A voz rouca dos prefeitos":

> Aplaudida no início de seu discurso, em que anunciou um pacote de 20,4 bilhões de reais para os munícipios, a presidente Dilma Rousseff acabou vaiada por prefeitos ontem em Brasília. Eles queriam o aumento de repasses do Fundo de Participação dos Municípios, o que a presidente não concedeu.

Num programa de rádio, no entanto, o relato foi inteiramente distinto. Naquela mesma noite de quarta-feira, dia 10 de julho, quando os relógios de Brasília marcavam dezenove horas, o programa *A Voz do Brasil* contou uma história diferente. Naquela noite, a ida de Dilma Rousseff foi destaque na abertura do noticiário oficial, com um detalhe interessantíssimo: nenhuma palavra, nenhuma sílaba sobre a vaia. A locução do programa oficial da presidência da República esmiuçou em seu melhor estilo ufanista o destino do dinheiro anunciado e logo passou a reproduzir as passagens mais pomposas do pronunciamento presidencial. No áudio de *A Voz do Brasil*, os únicos sons que se somaram às palavras de Dilma foram as palmas. Nada se falou sobre protestos. Nada sobre os gritos dos prefeitos pela revisão do FPM.

Os âncoras da *Voz do Brasil*, Gláucia Gomes e Luciano Camargo, abriram o programa daquela noite em tons de festejo:

> Gláucia: Novas creches e um auxílio financeiro de 3 bilhões de reais para municípios investirem em saúde e educação.

> Luciano: Esses foram alguns dos anúncios feitos hoje pela presidenta Dilma Rousseff aos gestores municipais que participam da 16ª Marcha dos Prefeitos, em Brasília.

Gláucia: Ela também informou que, a partir de agora, todos os municípios com menos de 50 mil habitantes vão poder participar do Minha Casa, Minha Vida.

Em seguida, uma matéria de mais de dois minutos de louvação. O relato da repórter da *Voz* só era interrompido por trechos do discurso da presidente que, por sua vez, só eram interrompidos por aplausos.

Repórter Patrícia Scarpin (Brasília-DF): Melhorar a qualidade dos serviços públicos. É essa a proposta do governo federal. E, para que os municípios possam oferecer mais saúde, educação e transporte, a presidenta Dilma Rousseff anunciou, nesta quarta-feira, a transferência de 3 bilhões de reais para auxiliar as prefeituras na manutenção dos serviços.

Presidenta Dilma Rousseff: Nós sabemos que saúde e educação é investimento, mas é custeio. Por isso, o governo federal vai transferir 3 bilhões de reais como ajuda financeira aos municípios. (APLAUSOS). Esses 3 bilhões de reais, nós esperamos a ajuda... Esses 3 bilhões de reais ajudem os prefeitos e as prefeitas a prestar serviços de melhor qualidade, a melhorar o seu custeio. Eles serão concedidos em duas parcelas: uma agora, em agosto, e a segunda em abril de 2014. (APLAUSOS).

Repórter Patrícia Scarpin (Brasília-DF): Outra novidade anunciada pela presidenta Dilma Rousseff é para o Programa Minha Casa, Minha Vida, que, agora, passa a contar com novas regras para os municípios com menos de 50 mil habitantes. De acordo com a presidenta, são 135 mil moradias disponíveis e um orçamento de 4,7 bilhões de reais.

Presidenta Dilma Rousseff: A partir de agora, todos os municípios de abaixo de 50 mil podem acessar o Programa Minha Casa, Minha Vida e oferecer à população da sua cidade o sonho de realizar a casa própria. (APLAUSOS) Vou repetir para ninguém ter dúvida: nós não vamos mais deixar que haja seleção. Todos os municípios podem executar o Programa Minha Casa, Minha Vida.

Repórter Patrícia Scarpin (Brasília-DF): No encontro com os gestores municipais, a presidenta Dilma reafirmou os investimentos propostos para o pacto da saúde e anunciou a ampliação do valor pago por habitante para o Piso da Atenção Básica, o PAB, que terá 600 milhões de reais a mais por ano. Além disso, 3,6 bilhões de reais vão ser utilizados para a construção de 2200 creches no país.

De Brasília, Patrícia Scarpin

Na noite de 10 de junho de 2013, o mais antigo programa de rádio em exibição no país contou uma formidável lorota para os ouvintes brasileiros. Quem soube da presença de Dilma Rousseff à 16ª Marcha dos Prefeitos pela *Voz do Brasil* foi levado a acreditar que a presidente abafou, que foi um tremendo sucesso, uma unanimidade, e que foi aplaudidíssima. O que, evidentemente, era mentira. A *Voz do Brasil* escondeu as vaias. Deu um sumiço nelas. Por meio dessa capciosa omissão, tapeou seus ouvintes. Essa passagem ilustra uma postura recorrente do programa. E permite ir além na interpretação. Se alguém um dia quiser saber qual é o DNA histórico da comunicação pública no Brasil, basta ligar na *Voz do Brasil*.

12. Promoção pessoal em voz alta

Quando a melodia de *O Guarani*, de Carlos Gomes, começa a chiar no rádio, entram no ar as meias verdades, as omissões e o ufanismo sem fundamento. O proselitismo governista dita o andamento da *Voz do Brasil* desde seu nascimento. O começo foi em 1935. Na época, o nome era *Programa Nacional*. Em 1938, veio a primeira mudança de marca: *A Hora do Brasil*— uma nomenclatura que persiste até hoje no linguajar dos ouvintes. Já em 1938, o palavrório oficial se tornou obrigatório em todas as rádios do país. No final de 1939, o Departamento de Imprensa e Propaganda, o famigerado DIP de Getúlio Vargas, assumiu a batuta e impôs que todos os sessenta minutos versariam sobre as realizações ou, na falta dessas, as meras intenções do Poder Executivo. Em 1962, Senado e Câmara ganharam seus quinhões no falatório federal. Foi aí que o diário oficial radiofônico passou a se chamar *A Voz do Brasil*.

Em 1995, o informativo chapa-branca entrou para o *Guiness Book* por ser o mais antigo programa de rádio do Brasil. Em 1996, o Poder Judiciário foi incluído no jogral e ganhou uns minutinhos para informar ouvintes do Brasil inteiro sobre eletrizantes lides, extasiantes acórdãos e apaixonantes embargos. Em 1988, a Radiobrás foi encarregada de produzir o horário do Executivo (reles 25 minutos diários, a que foi reduzida a gloriosa hora inteira de que o governo federal dispunha até a década de 1960). Em 2008, a Radiobrás foi engolida pela Empresa Brasil de Comunicação (EBC), que continuou com a incumbência.

Quem quer que procure entender a matriz fundamental de toda a comunicação pública que se pratica no Brasil não tem outro lugar para encontrá-la. Ela está inteira na alma e no corpo dessa inacreditável ilha de anacronismo do rádio brasileiro, *A Voz do Brasil*. Ali mora a gênese das fórmulas pelas quais o equipamento público é posto a serviço da vaidade particular dos que mandam.

UMA BRISA DE INOVAÇÃO

A *Voz* poderia ser diferente, é claro. Poderia ser um programa informativo e útil, mas, para isso, deveria atender a três requisitos. Em primeiro lugar, deveria ser de transmissão facultativa, não obrigatória. As emissoras brasileiras, comerciais ou públicas, tanto faz, deveriam ser livres para decidir se veiculariam o conteúdo da *Voz*, no todo ou em parte, como bem entendessem. Só assim a equipe responsável pelo programa aprenderia a disputar a audiência, de modo saudável e direto. A obrigatoriedade não ajuda em nada. Do jeito que vem sendo impingida, acaba com qualquer sonho de qualidade. Fez com que a *Voz* desistisse de ser interessante, boa, competente, verdadeira.

Em segundo lugar, teria que ser mais curta. No total, não mais do que dez minutos diários. Mais concisos, os informes iriam disputar espaço na grade das emissoras. Por fim, em terceiro lugar, a *Voz* jamais poderia estar submetida aos poderes da República, que, sendo objeto da cobertura do programa, não deveriam ser seus editores. Quando a fonte é também o chefe, não há jornalismo, nem mesmo jornalismo público. Para que a *Voz do Brasil* prosseguisse, com alguma saúde cívica e jornalística, teria que ser produzida por uma emissora pública independente dos poderes da República.

Do modo como se manteve nessas décadas todas, o mais antigo programa do rádio brasileiro é apenas um ser em estado vegetativo numa UTI da história, sobrevivendo à custa de aparelhos. Talvez seja isso desde os anos 1960.

Em 2003, houve uma proposta de transformação do programa, com um novo formato que estreou no dia 1º de setembro, apenas no horário do Poder Executivo, que vai ao ar das dezenove às 19h25, mais ou menos. Naquela noite, no lugar do velhíssimo bordão "Em Brasília, dezenove horas", ouviu-se um introito um pouco menos empolado: "Sete da noite em Brasília". A protofonia com os acordes iniciais de *O Guarani* sofreu uma adaptação, com arranjos em vários ritmos brasileiros, escritos pelo músico Sérgio Sá. A pauta de cobertura também ficou diferente. Seguiu tratando dos atos de governo, pois esse é um dever legal do horário reservado ao Poder Executivo, mas, a partir daquela noite de 1º de setembro de 2003, o enfoque foi redirecionado. O programa ficou menos preso ao anseio de propaganda das autoridades e mais voltado ao direito à informação do cidadão.

Trago ainda vivo na memória o nervosismo que tomou conta da Radiobrás naquela noite. Aquele era o primeiro dos quatro anos que passei na presidência da estatal, e a transformação de um programa como *A Voz do Brasil*, ainda que branda, parecia uma audácia desmesurada.[1] Na estreia do novo formato, os apresentadores Luca Seixas e Luiz Fara Monteiro propuseram um novo compromisso com o ouvinte:

— Queremos cumprir nossa missão de informar sobre as ações do governo, mas com a preocupação de mostrar o que isso tem a ver com os seus direitos. E mais: nossa missão é informar com clareza e de um modo que você goste de ouvir. A *Voz do Brasil*, agora, cada dia mais, de verdade, é a sua voz. É *A Voz do Brasil*.

Ao final daquela edição, foi lida no ar o que pode ser entendido como a declaração de princípios que guiou as alterações que fizemos:

— Esta edição da *Voz do Brasil* trouxe muitas novidades. A começar da música de abertura, *O Guarani*, de Carlos Gomes, num arranjo inédito, num ritmo forte de atabaques. Os jornalistas que apresentam o programa também são novos na *Voz* e estão preparados para dar a você a informação mais precisa e mais clara sobre o seu país, sobre os atos do governo do seu país e sobre as consequências que esses atos podem ter no dia a dia de cada brasileiro. Esta nova fase da nova *Voz do Brasil* vem para atender, com mais eficiência, ao direito que você tem de estar bem informado. Isso mesmo, um direito. Vamos repetir: estar bem informado é um direito fundamental que você tem. É por isso e para isso que existe *A Voz do Brasil*, para que você saiba de tudo que faz diferença na sua vida. Não se esqueça, na democracia todo o poder emana do povo, quer dizer, o cidadão é a fonte de todo poder. E para escolher melhor, para saber o que decidir e para participar dos rumos de seu país, todo cidadão precisa estar bem informado. É por isso que *A Voz do Brasil* está mudando: para ser um serviço mais democrático, mais acessível e mais claro, sempre a serviço do cidadão e da cidadã. E de mais ninguém.

A gente vinha trabalhando as mudanças sem pressa, ao longo dos primeiros oito meses de 2003. A intenção era se afastar do oficialismo e das "notícias chapa-branca", criando abertura para informar também sobre acontecimentos que as autoridades considerassem "negativos", mas que tinham relevância. Para tornar o texto mais compreensível, foi criada a figura de um, digamos, "comentarista explicador" que, em vez de emitir opinião, dava o contexto, frisava o que havia de essencial na notícia, detalhava o sentido, sempre com termos simples. Ao mesmo tempo, essa nova figura destacava a utilidade da informação para o ouvinte.

Mas, no início, o projeto de mudar o velho noticiário governamental estava como que em banho-maria. Ele ganhou impulso definitivo em junho de 2003, quando foi ao ar, na velha *Voz*, um verdadeiro desastre. No dia 11 daquele mês, o programa sonegou ao seu ouvinte a principal notícia do dia. Recapitulemos.

Naquela tarde, 20 mil servidores públicos tinham encorpado a maior manifestação de rua contra o governo federal desde a posse de Luiz Inácio Lula da Silva em plena Esplanada dos Ministérios. Gritavam contra a reforma previdenciária que estava em debate. No dia seguinte, 12 de junho de 2003, a primeira página dos maiores jornais traria fotos do protesto. Não era para menos. O ato, organizado pela CUT, expôs divergências internas no partido do presidente Lula (o Partido dos Trabalhadores) e fissuras na própria base aliada. Parlamentares do PT entraram na marcha em apoio aos manifestantes, irritando outros partidos e a cúpula petista. Os mesmos manifestantes que vaiaram agressivamente o líder do PT na Câmara dos Deputados, Nelson Pellegrino, da Bahia, aplaudiam com entusiasmo alguns dos chamados "radicais do PT", como a senadora por Alagoas, Heloísa Helena. O clima ficou tenso.

Pois na noite de 11 de junho de 2003, a *Voz do Brasil* deu as costas à notícia, como era seu costume ancestral. Em vez de simplesmente contar o que tinha se passado, tomou um rumo chapa-branca meio lunático. A manchete elaborada pela equipe responsável pintou de cor-de-rosa um fato nada edificante para o governo federal: "Sindicalistas entregam ao governo propostas para a reforma da Previdência".

Quando eu soube daquilo, fiquei passado. A empresa que eu comandava tinha colocado no ar uma história mentirosa. A chamada pretendia iludir os improváveis cidadãos que estivessem ainda insistindo em ouvir o programa. Se confiassem na *Voz*, esses cidadãos teriam sido engambelados. Nada de protestos. Nada de repúdio contra próceres do PT. Nada sobre a consagração de Heloísa Helena. Nada sobre o ódio dos manifestantes contra a reforma da Previdência que os parlamentares governistas tentavam fazer passar no Congresso Nacional. Nada. Com uma narrativa tortuosa, um tanto melíflua, de péssima qualidade, a *Voz* fazia crer que tudo não passara de uma cortês "entrega de sugestões", puramente construtiva.

Quando mencionaram a concentração de funcionários públicos na Praça dos Três Poderes, os locutores da *Voz* engataram um viés estranhamente soviético, chamando o então presidente do PT para falar em nome do governo. Eis o que disseram os apresentadores do programa:

— A manifestação de servidores públicos contra a reforma da Previdência faz parte do processo democrático, mas a retirada da proposta pelo governo é inegociável. O argumento é do presidente do PT, José Genoino.

Sim, o texto acima era mal escrito: ao anunciar que, para Genoino, "a retirada da proposta pelo governo é inegociável", o redator queria dizer que a proposta do governo, esta sim, era inegociável, e que, a depender de José Genoino, a proposta não sairia de pauta de jeito nenhum. O redator escreveu o contrário do que pretendia dizer.

Isso não era o pior. O que mais me incomodou foi, por assim

dizer, o sovietismo da coisa toda. Naquela noite, a *Voz do Brasil* transformou o presidente do partido do governo, que não tinha cargo na administração federal, em autoridade de Estado, dando a ele a condição de porta-voz da presidência da República. Ficou para mim a lição de que, na ânsia de agradar o poder da vez, a tradição bajulatória da *Voz do Brasil* era capaz de reproduzir espontaneamente os ritos do socialismo burocrático, em que o secretário-geral do partido manda nas autoridades públicas ou fala por elas. Com a mesma presteza que adulava os generais da ditadura militar, a *Voz* corria para edulcorar a vida de um governo que se imaginava de esquerda. Eram ideologias supostamente opostas, mas os préstimos ao ego dos governantes eram iguaizinhos. A comunicação pública a serviço da vaidade particular é o patrimonialismo sem nenhum caráter.

Depois do trauma de 11 de junho de 2003, o velho formato da *Voz* teria que mudar, de um jeito ou de outro. A bem da verdade, até que mudou, mas não o suficiente. Passada a turbulência daqueles anos, é óbvio que a mudança se diluiu no velho hábito, resultando num programa governista com traquejos descontraídos. O fundamental permanece inalterado. A obrigatoriedade continuou intacta.

Após a reforma de setembro de 2003, o nível de pressão para que não mexêssemos mais no programa recrudesceu. Quase três anos depois, no dia 28 de março de 2006, quando Aldo Rebelo, deputado pelo PCdoB de São Paulo, presidia a Câmara, realizamos, por meio de uma parceria entre a Câmara e a Radiobrás, um seminário sobre a *Voz do Brasil*. Naquela noite, a *Voz* noticiou o seminário e entrevistou, entre outros, um defensor histórico do fim da obrigatoriedade, João Lara de Mesquita. Mas, àquela altura, a vontade de mudar ficou só na vontade. A tentativa de mudar para valer a *Voz do Brasil* foi uma das derrotas que colecionei como servidor público federal.

O RETORNO DO MESMO

De lá para cá, o informativo radiofônico do Poder Executivo não alçou o voo de independência que talvez tenha chegado a ensaiar. O empoeirado trampolim para a autopromoção retomou seu pique mais desinibido, como ficou mais do que claro, constrangedoramente claro, na noite de 10 de julho de 2013, em que as vaias direcionadas à presidente Dilma foram sonegadas ao ouvinte.

O vício continuado não se reduz ao horário do Poder Executivo. Quando o assunto é proselitismo e autopromoção, o Congresso Nacional não deixa por menos. Peguemos outro episódio sintomático da doença progressiva que corrói todas as tentativas de independência.

Estávamos em 2010, ano de eleições para presidente, governador, senador e deputado no Brasil. Como tem sido normal no país, a legislação tratou de impedir que os postulantes a cargos eletivos fizessem propaganda antecipada. O horário eleitoral começaria em 17 de agosto e, no período anterior, a propaganda ficou proibida por lei.

Conforme a súmula estabelecida pelo Tribunal Superior Eleitoral (TSE) com base na Lei Eleitoral, a partir de junho daquele ano (2010) ficou terminantemente "vedado às emissoras de rádio e de televisão transmitir programa apresentado *ou comentado por candidato escolhido em convenção* (Lei nº 9504/97, art. 45, § 1º)". Segundo o mesmo artigo 45, as emissoras de rádio e televisão não poderiam dar "tratamento privilegiado a candidato" durante o período eleitoral.

O objetivo da regra era justo. Tratava-se de evitar que o uso dos meios de comunicação pudesse desequilibrar ou distorcer a formação livre da vontade do eleitor. Assim, os que tinham programas de rádio ou televisão — e mesmo aqueles com espaços regulares em qualquer atração de qualquer emissora — precisariam se afastar dos holofotes e dos microfones tão logo fossem sagrados candidatos nas convenções partidárias. A disposição legal valia para todos os candidatos e para todos os programas, já que, numa democracia e, principalmente, numa República, a lei vale igualmente para todos. Ou, melhor, para *quase* todos. Quando a democracia e a República toleram a existência da *Voz do Brasil*, alguns conseguem se colocar acima da lei. Os que já tinham cadeiras no Congresso Nacional em 2010 levaram vantagem sobre os demais: puderam contar com a ajuda da *Voz do Brasil* para tentar a reeleição. Como deputados ou senadores, apareciam normalmente no falatório diário do programa, não importando se eram ou não candidatos a reeleição. Quer dizer: a lei proíbe que os candidatos tenham participação regular em programas de rádio, mas não impede que os deputados e senadores já empossados continuem fazendo uso de seus minutinhos regulares em cadeia de rádio obrigatória.

Os privilegiados parlamentares alegam que fazem uma prestação de contas desinteressada, mas o interesse eleitoral é escancarado, em regime de "reserva de mercado". Repita-se: a lei que impõe restrições ao uso que os candidatos podem fazer do rádio e da televisão não alcança os candidatos que já têm cadeira no Legislativo e buscam a reeleição. Esses, com ares de abnegação, discursam à vontade nas ondas do rádio.

Dessa forma, o mais antigo programa de rádio do Brasil serve para preservar os interesses corporativos dos parlamentares que já estão no exercício do cargo. Graças ao conveniente vazio legal, os deputados que são candidatos a permanecer onde estão se refestelam fraternalmente nos microfones para se promover antes, durante e depois da campanha. Para eles, todo dia é dia de campanha. A concorrência desleal fica tacitamente autorizada.

Mesmo quando se leva em conta que a audiência da *Voz do Brasil* oscila entre o inexpressivo e o irrelevante, a desigualdade de condições é uma afronta ao espírito democrático, ainda mais quando não há limites para a reeleição de parlamentares no Brasil. Um deputado federal brasileiro pode se reeleger uma, duas, três ou mais vezes. E a *Voz* está aí para ajudar. Naquele mesmo ano de 2010, por exemplo, dos 513 deputados federais, apenas 34 não disputaram as eleições de outubro (seja para o Legislativo, seja para o Executivo). Dos 420 deputados federais que tentaram se reeleger (nada menos que 81,87% do total), uma pequena multidão de 283 logrou êxito. Os números falam por si.

É bem possível que *A Voz*, pela escassez de ouvintes e pela qualidade sofrível, não tenha feito grande diferença na contagem final dos votos. Mesmo assim, a existência de tamanha diferença de condições competitivas no processo eleitoral constitui um desaforo ao princípio da igualdade perante a lei. Em síntese, *A Voz do Brasil* agora serve de palanque, à margem da lei, a serviço dos que já chegaram lá. *A Voz do Brasil* é uma artilharia contra a alternância no poder.

Nessa matéria, o Brasil beira o realismo fantástico (de mau gosto). A maioria dos parlamentares, da Câmara e do Senado, acredita que fazer campanha ininterrupta na *Voz* ajuda na autopromoção. Acredita nisso — mas não diz que acredita, é claro. Para essa espessa maioria, a *Voz* é marketing eleitoral sem custo. Por isso, ela defende cegamente a obrigatoriedade de retransmissão do programa com justificativas que chegam a ser cômicas. Vamos esmiuçá-las a seguir.

13. Os ouvidos têm que "engolir"

Por que, depois de tantas décadas, a obrigatoriedade de retransmissão da *Voz do Brasil* ainda não foi derrubada? A resposta é simples: os parlamentares, em sua maioria esmagadora, gostam dela. Gostam muito. Quanto aos governos, acabam deixando tudo por isso mesmo. Nenhum governo vai cometer o suicídio de brigar com a vaidade particular do baixo clero turbinada pela comunicação pública.

No ato recorrente de lavar as mãos, o transtorno obsessivo-compulsivo de governantes e parlamentares vai minando qualquer saída plausível para o programa cumprir a função de atender ao direito de informação do cidadão. A base dessa desordem autodestrutiva se assenta em uma convicção profunda de que os equipamentos — as antenas, os microfones, os estúdios, as equipes etc. — da chamada comunicação pública existem apenas para, de modo disfarçado ou mesmo ostensivo, seduzir e convencer os cidadãos de que o governo da vez é o máximo, assim como os parlamentares. Os adeptos dessa doutrina de privilégios acreditam que, pela repetição exaustiva, o povo vai acabar se convencendo de que as autoridades são o que há de melhor na face da Terra. Segundo essa crença, a comunicação pública nada mais é do que propaganda política.

A convicção, aqui, tem matizes que podem variar um pouco, de acordo com a ocasião e o usuário, mas está presente em todo o espectro ideológico nacional. Está presente na direita mais conservadora e na esquerda mais robótica. Em todos os partidos, a visão que os políticos têm da comunicação com a sociedade é mais ou menos a mesma.

Essa visão tem origens que remontam a séculos atrás. Pode ser encontrada na instalação da Imprensa Régia no Rio de Janeiro, em 1808, já sob censura, com a incumbência expressa de promover a propaganda de Estado. Ela também comparece nos dias atuais nos diários oficiais "ilustrados", essa invenção "criativa" de prefeituras ditas "populares". Pode ser pressentida, igualmente, nos caminhões de dinheiro público que são descarregados diariamente nas emissoras comerciais para pagar a publicidade governamental. Essa convicção está em toda parte, como um denominador comum da cultura política no Brasil.

A mesmíssima convicção, no cerne do Estado Novo, com o seu Departamento de Imprensa e Propaganda (DIP), criou a *Voz do Brasil* compulsória. Não custa relembrar: a *Voz do Brasil*, nascida em tons mais brandos em 1935, foi tornada obrigatória em 1938, em pleno período ditatorial.

Hoje, vivendo sob regime democrático, o Brasil é diferente. O horário nobre do rádio, que antigamente era o das sete da noite, agora se deslocou para as seis horas da manhã. O imaginário do país é integrado pela televisão, onde a *Voz* não é obrigatória. Não obstante, a velha obrigatoriedade segue inalterada, como se fosse uma reserva ecológica.

Embora o tema entre em pauta no Congresso Nacional de tempos em tempos, os parlamentares insistem em ir na contramão do desejo de seus eleitores. Um capítulo recente desse atraso renitente foi vivido em junho de 2012. Na ocasião, mais uma vez caiu por terra a esperança da sociedade de que a trama pudesse ter um final menos melancólico. Mais uma tentativa de abrandar a obrigatoriedade (por meio de uma lei que tornasse flexível o horário de retransmissão do programa) foi sufocada. Se aprovado o projeto, as emissoras poderiam iniciar a retransmissão entre dezenove e 22 horas. Se tivesse dado certo, teria sido um refresco. Como deu errado, foi uma ducha gelada. No dia 26 de junho, uma terça-feira, o PT bloqueou a votação e esfriou o ânimo dos que se animavam com o pequeno passo.

Os absurdos causados pela inflexibilidade são inúmeros. Vejamos apenas alguns:

— As emissoras de rádio ficam reféns da imposição de transmitir o programa no horário, não importa o que esteja acontecendo nas cidades em que estão sediadas. É verdade que algumas, graças a medidas liminares, de tempos em tempos conseguem autorização para transmitir o programa em horários alternativos, ou seja, conquistam uma flexibilidade só para si. Mas tal medida transitória acaba gerando muita confusão entre os ouvintes. Não é difícil constatar que essa situação de incerteza jurídica gera desequilíbrios na competição comercial entre as emissoras, piorando ainda mais um ambiente que já era suficientemente ruim. A lei que impõe a obrigatoriedade não é respeitada nem mesmo pelo Judiciário.

— Outro aspecto que indica o contrassenso de tamanha arbitrariedade é a extensão do Brasil. Afinal, quando em Brasília os relógios marcam dezenove horas, os do Acre dão dezessete horas, e é nesse horário que a *Voz* tem de ir ao ar na região. Ora, se o programa ainda cumpre algum papel, seria justamente o de levar informações sobre os Poderes da República a comunidades mais distantes, que, às vezes, só dispõem do rádio para saber o que se passa em Brasília. Pois bem, dezessete horas é um horário em que os adultos produtivos podem despender do tempo e atenção necessários para ouvir o rádio? Provavelmente, não. Ou seja, se depender do noticiário oficial, essa parcela da população vai continuar sem saber de nada. A flexibilidade legal seria, portanto, uma medida de bom senso para o Acre, para São Paulo, para o país inteiro.

— Ainda vale reiterar outro ponto. Uma justificativa usada é a de que a flexibilidade seria de interesse apenas dos habitantes das grandes cidades ou das emissoras privadas — o que demonstra uma continental falta de visão. A maior beneficiada com a flexibilização seria a imagem dos poderes da República. É fácil entender o porquê. A tradição da inflexibilidade autoritária corroeu gravemente, ao longo de décadas, a credibilidade do programa. *A Voz do Brasil* virou sinônimo de propaganda chapa-branca, a serviço de instituições envelhecidas, insensíveis e distantes. É vista como uma forma de anticomunicação que mais irrita do que ajuda os ouvintes. A carga impositiva com que ela se faz veicular é seu pecado mortal.

À ESPERA DE UM SEPULTAMENTO

A obrigatoriedade bem que poderia ter morrido com o rádio de válvulas, não fossem as regurgitações de arbítrio que culminaram no golpe de 1964 e na ditadura militar, investindo o governo federal, uma vez mais, da ilusão de que a sociedade deveria lhe prestar continência.

Depois disso, o programa caiu num abismo de descrédito de onde ainda hoje emite seus sinais cambaleantes. Essa *Voz* — que não é do Brasil, mas do passado — figura na programação como um cadáver insepulto. O enterro só não ocorreu porque as autoridades legislativas se recusam a extinguir a obrigatoriedade que humilha diariamente as emissoras de rádio do país, forçando--as a repassar aos seus ouvintes um noticiário chapa-branca que ninguém leva a sério, nem as próprias autoridades (estas, se o levassem a sério, não se dedicariam a aviltá-lo todos os dias obrigando-o a endeusá-las ridiculamente).

Por tudo isso, volto a insistir: a única saída democrática para o quadro atual é suprimir a obrigatoriedade de retransmissão. Se quisessem, o Poder Executivo, o Congresso Nacional e o Poder Judiciário, que rateiam entre si os sessenta minutos diários do programa, poderiam manter a *Voz* no ar, mas sem a obrigatoriedade. Os custos são irrisórios.

O caminho é possível. Atualmente, o governo federal e os governos estaduais, bem como as casas legislativas estaduais e até mesmo o Poder Judiciário dispõem de instalações para promover suas comunicações institucionais. Muitos desses poderes dispõem inclusive de estações próprias de rádio e televisão, sem falar dos seus sites na internet. Veículos para transmissão não faltam nem faltarão. Uma *Voz* não obrigatória teria mais qualidade e mais credibilidade.

Há uma conversa mole de alguns políticos segundo a qual a *Voz* precisa ser obrigatória porque, sem essa imposição, ela não seria retransmitida nos "rincões profundos do Brasil", como eles gostam de falar. De acordo com essa ilusão, o informativo oficial seria "importantíssimo" para os "rincões".

Falácia. Basta escutar o noticiário chapa-branca para perceber que, definitivamente, ele não fala a língua das roças, dos manguezais, dos brejos e dos alagados. Se os habitantes dos interiores o escutassem, não entenderiam quase nada. O idioma do programa é inacessível para o brasileiro médio, especialmente para o suposto habitante dos rincões. Seja no horário do Poder Legislativo, do Judiciário ou do Executivo, o que se tem é um linguajar próprio dos relatórios de gestão da administração pública, oficialista em demasia, com profusão de dados, de siglas exóticas e de palavras cifradas. Para os trabalhadores humildes da zona rural é mais fácil entender assombrações, discos voadores e bula de remédio. Para sorte deles, pelo menos, assombrações, discos voadores e bulas de remédio são facultativos.

PARTE 4
A publicidade invade

14. A numeralha de Maracangalha

No dia 12 de março de 2014, a *Folha de S.Paulo* trouxe, no caderno Poder,[1] uma reportagem espantosa, ainda que lógica: "Campos irá gastar R$ 100 milhões com propaganda em PE". Espantosa, porque a cifra não é pequena para um estado que não é grande. Lógica, porque nada poderia ser mais consistente com os usos e costumes da política pátria. Por aqui, os gastos públicos com propaganda só aumentam.

A reportagem de Bernardo Mello Franco e Andréia Sadi informava que o então governador do estado de Pernambuco, Eduardo Campos, às vésperas de sair do posto para concorrer à presidência da República, acabara de concluir uma licitação de 100 milhões de reais em publicidade oficial, num recorde em seu governo, que até 2012 não consumia mais do que 55 milhões de reais (cifra que, sozinha, já é suficientemente espantosa). Em 2013, o valor já dera um salto, outra vez espantoso, de 25%. Em 2014, dobrou de tamanho.

Ganharam a licitação duas agências que prestam serviços também para o partido de Campos, o PSB.[2] Eis que, uma vez mais, no Brasil, os profissionais que produzem a comunicação governamental também produzem a outra, a campanha eleitoral, garantindo assim que uma seja o perfeito prolongamento da outra. E o volume monetário não para de crescer. Na primeira década do século XXI, não houve gasto na administração pública brasileira que tenha crescido mais, em termos relativos, do que o da comunicação de governo.

Não há dados disponíveis que nos permitam reconstruir em detalhes a evolução dessas despesas dos anos 1970 para cá. Os números sumiram na poeira do tempo; talvez seja mais fácil ressuscitar os documentos sobre a escravatura que Rui Barbosa mandou incinerar do que descobrir quanto os governos pós-ditadura queimaram com autopromoção. Felizmente, mais ou menos a partir do ano 2000, alguns números começaram a mostrar a cara. São poucos, e não é exatamente fácil acessá-los, mas são enfáticos. Eles comprovam, de modo inquestionável, a vigorosa inclinação da curva ascendente dessa rubrica nas despesas públicas.

Tomemos o exemplo da prefeitura da cidade de São Paulo, o mais alto orçamento municipal do país: em um intervalo de seis anos, o montante jogado em publicidade oficial praticamente decuplicou em apenas cinco anos, saltando de 12,6 milhões de reais em 2005 para 108,8 milhões em 2010. A partir daí, o valor teve uma queda tímida, ficando pouco abaixo de 100 milhões. Em 2013, voltou a subir e bateu os 103,2 milhões de reais.[3]

No governo do estado, a escalada meteórica segue o mesmo "batidão". Entre 2003 e 2012, período que engloba as gestões de Geraldo Alckmin (2003-6 e a partir de 2011) e José Serra (2007--10), o governo paulista desembolsou 2,44 bilhões de reais em campanhas publicitárias.[4] Cinco estatais (Sabesp, Metrô, CDHU, Dersa e CPTM) responderam por quase metade do montante — 1,24 bilhão de reais, contra 1,2 bilhão despendidos pela administração direta. Em 2009, quando José Serra começava a articular sua candidatura à presidência para o ano seguinte, os gastos atingiram o ápice: 314,6 milhões de reais, contra 33 milhões em 2003. O ano de 2013 fechou com a cifra de 308 milhões, só perdendo para o pico de 2009.[5] Na cidade do Rio de Janeiro, outra capital bem vistosa, a progressão é mais acelerada. Nos anos 2008 e 2009, de acordo com os dados oficiais, a soma anual aplicada em publicidade da prefeitura era pífia, desprezível: ficou na casa do 442,1 mil reais e 468,8 mil reais, respectivamente. No ano de 2010, os cifrões entram na velocidade da luz. A fatura atingiu a casa dos 22,8 milhões de reais. Em 2011, o total bateu em 74,6 milhões. Em 2013, acomodou-se num patamar nem tão intergaláctico assim: 39 milhões de reais.[6]

O governo estadual do Rio progride com o mesmo apetite. Segundo revelou *O Estado de S. Paulo*, o então governador Sérgio Cabral, em seu primeiro mandato (2007-10), elevou a rubrica em 35% em comparação a sua antecessora, Rosinha Garotinho.[7] Segundo levantamento feito pela reportagem, com base em números do governo fluminense disponíveis no Sistema Integrado de Administração Financeira de Estados e Municípios (Siafem), o montante consumido em 2006, último ano de Rosinha no Palácio da Guanabara, era de 135,5 milhões de reais. No governo Cabral, a gastança foi contida em 2007 (93,6 milhões) e 2008 (84,4 milhões), mas recobrou energias em 2009 (94,9 milhões) e em 2010 (163,4 milhões), ano em que Cabral foi reconduzido ao cargo. De acordo com a Secretaria da Fazenda do Rio de Janeiro, o total de pagamentos feitos para publicidade e propaganda aumentou ainda mais em 2011, quando a soma atingiu os 205,3 milhões de reais.[8]

No mês de junho de 2013, durante o qual se multiplicaram protestos de rua por todo o país, o Rio de Janeiro foi palco das maiores manifestações. A aprovação de Sérgio Cabral, bem como a de Dilma Rousseff e outros mandatários, despencou naqueles dias. Ato reflexo, o governo fluminense empenhou 27,9 milhões de reais em campanhas publicitárias — um aumento de 240% em relação à média dos seis meses anteriores.[9] Depois dessa fase de elevação, somados os doze meses de pagamentos executados no ano, os gastos destinados à área ficaram em 171,3 milhões de reais.

NA CAPITAL FEDERAL, O CAPITAL FEDERAL

No governo federal, conforme números divulgados pela Secretaria de Comunicação Social da presidência da República, (Secom), os gastos da administração direta e indireta, somados, vêm oscilando em torno da marca do bilhão de reais. O ano de 2006 registrou uma marca bastante imodesta: 1,3 bilhão de reais. Em 2009, o valor foi de 1,2 bilhão.[10] Segundo levantamento feito por *O Estado de S. Paulo*, entre 2003 e 2012, os governos Lula e Dilma (aqui incluídos todos os órgãos da administração) desembolsaram 16 bilhões de reais em valores atualizados pela inflação.[11] As despesas do governo federal com publicidade foram 23% maiores nos dois primeiros anos de mandato de Dilma Rousseff do que a média dos oito anos de governo de Luiz Inácio Lula da Silva, que despendeu 11,52 bilhões de reais em campanhas publicitárias durante os dois mandatos.

Em 2013 houve novo recorde da presidente Dilma, que bateu os 2,3 bilhões de reais em gastos com publicidade, de acordo com dados publicados no jornal *Folha de S.Paulo* em 16 de abril de 2014.[12] O texto do repórter Fernando Rodrigues detalha os valores, já corrigidos pelo Índice Geral de Preços do Mercado (IGP-M), que incluem a administração direta e indireta (em que figuram as grandes empresas estatais, como Petrobras e Banco do Brasil). Desse bolo, os órgãos e entidades da administração direta são responsáveis por 761,4 milhões de reais, o que também representa o pico da gestão.

A justificativa empregada pela Secom para o aumento do gasto foi devidamente anotada pela *Folha*: "Em 2013 o governo federal apresentou novas campanhas de utilidade pública voltadas à prevenção de acidentes de trânsito, de combate ao uso do crack e de lançamento do programa Mais Médicos". Outro argumento apresentado foi o fato de que "um terço do crescimento do volume publicitário de 2013 foi puxado pelas ações dos Correios [empresa], que completou 350 anos em 2013".

A ladainha da necessidade de esclarecer a população é a desculpa preferida. Sob a máscara de quem faz um favor para o povo ao promover o festival de anúncios comerciais supostamente de interesse público, mal se esconde a estratégia de proselitismo governista, regada a muitos dígitos. A necessidade, para esses aí, não é "esclarecer" o cidadão, mas é continuar alimentando a engrenagem da autopromoção.

Uma referência para ilustrar a forte presença do erário no mercado anunciante é o ranking dos maiores anunciantes brasileiros em 2013, segundo dados divulgados pelo Ibope.[13] Essa pesquisa toma por base a tabela de preços cobrada pelos veículos, não refletindo, portanto, descontos reais que o anunciante obtém na negociação direta. Como esses descontos podem chegar a 50% ou mesmo a 70%, os cifrões que constam do ranking do Ibope tendem a ser maiores do que o dinheiro efetivamente gasto. Mesmo assim, é uma boa referência para aquilatarmos o peso proporcional do Estado anunciante dentro do mercado. Nesse levantamento, em 2013, a Unilever, com 4,6 bilhões de reais, ocupou o primeiro lugar; o segundo foi para as Casas Bahia (3,4 bilhões) e o terceiro para o laboratório Genomma (2,5 bilhões). Duas estatais federais, a Caixa e a Petrobras, aparecem respectivamente em quinto, com 1,7 bilhão, e sexto lugar, com 1,4 bilhão de reais (lembremos, uma vez mais, que esses valores são estimados segundo a tabela de preços dos veículos; na prática, os anunciantes desembolsam menos do que isso, pois as cifras são sempre negociadas).

Outra boa fonte para se obter uma radiografia desse mercado e dos segmentos que mais anunciam é o boletim *Mídia Dados*, do Grupo de Mídia São Paulo. O boletim também adota uma metodologia baseada na tabela cheia dos veículos, sem considerar os descontos, tal como se dá com o ranking do Ibope; os cifrões que aparecem no *Mídia Dados* são bem maiores do que os valores efetivamente praticados. Mesmo assim, quando queremos ter uma visão da participação dos anúncios de governo no mercado geral — o que é um dado relativo, não absoluto —, o *Mídia Dados* é útil.

Tomemos por base o ano de 2010. Pelo *Mídia Dados*, podemos constatar que o valor total do mercado de publicidade foi de 76,2 bilhões de reais. Nesse bolo, os chamados "serviços públicos e sociais" corresponderam a 3,9 bilhões de reais, ou seja, uma fatia de 5,08%.[14] Apenas para efeito de registro, em 2009 a participação dos "serviços públicos e sociais" tinha sido ainda maior: com pouco mais de 4 bilhões de reais, representou 6,25% do bolo total, que chegou a 64 bilhões.[15]

É nessa categoria, os "serviços públicos e sociais", que vem classificada a publicidade governamental, com um detalhe: dentro dela, não estão incluídos anúncios dos bancos estatais e de diversas empresas públicas, como a Petrobras, que figuram em outras categorias. Para que fique bem claro: nos "serviços públicos e sociais" estão representados apenas os gastos da administração direta, quer dizer, dos governos propriamente ditos, com as secretarias (no caso das administrações municipais e estaduais) e os ministérios (da administração federal) e outros órgãos do Poder Executivo.

O segmento específico dos "serviços públicos e sociais" teve crescimento de 71% entre 2007 e 2010, embora tenha declinado um pouquinho entre 2009 e 2010. No mesmo período, o mercado como um todo registrou um avanço de 45%, tornando-se o sexto maior do mundo. Também por aí, comprovamos que a publicidade governamental cresce num ritmo mais acelerado que o mercado anunciante em geral.[16]

O *Mídia Dados* traz ainda a relação dos maiores anunciantes, tanto do setor privado como do setor público. No ano de 2010, os maiores anunciantes privados foram Casas Bahia (com 3,01 bilhões de reais), a Unilever (1,9 bilhão), a Hyundai Caoa (1,3 bilhão) e a Ambev (1,2 bilhão). Segundo os cálculos do boletim, os principais gastos do governo federal, nesse mesmo ano, totalizariam 1,08 bilhão de reais (atenção, falamos aqui dos gastos *principais*, sem contar órgãos e ministérios de orçamentos pequenos), o que faria dele o quinto maior anunciante do país, entre públicos e privados. Tudo isso, como já foi dito, sem levar em conta as estatais.

Olhemos então a publicidade das estatais. Os dados não são nada desprezíveis (como já aponta o ranking dos maiores anunciantes preparado pelo Ibope). Continuando com o exemplo do ano de 2010, veremos que o Banco do Brasil, a Petrobras e a Caixa anunciaram, segundo dados do relatório, o correspondente a 2,72% do mercado publicitário brasileiro inteiro, com 2,07 bilhões de reais. Se, agora, somarmos esse valor ao 1,08 bilhão empregado pela administração direta do governo federal no mesmo ano, chegaremos ao montante de 3,15 bilhões de reais, que significa 4,13% do bolo total.

A soma da verba publicitária das estatais com a verba publicitária da administração direta não é indevida, como alguns alegam. É verdade que empresas como o Banco do Brasil e a Petrobras, que disputam mercado com organizações privadas, precisam anunciar para alcançar o sucesso comercial. Isso não se discute. Ninguém aqui irá alegar que a Caixa (que em 2012 se tornaria o terceiro maior anunciante do país, ao investir mais de 1,6 bilhão de reais)[17] interrompa suas campanhas publicitárias quando se trata de atrair e manter seus clientes. O que se deve observar, entretanto, é que os anúncios das estatais ajudam a promover o próprio governo. Com muita frequência, não são anúncios comerciais — são proselitismo político (basta ver que ao final de anúncios das estatais, lá vem a logomarca do governo da vez). Além disso, em muitas das propagandas de empresas públicas, são veiculados os slogans do governo, com menções alusivas diretas às virtudes dos ocupantes do Poder Executivo. Uma análise do discurso básica, elementar, comprova que as campanhas das estatais são partes integrantes da estratégia de comunicação dos governos. E esses, de seu lado, exercem uma influência muito forte, para não dizer absoluta, nas decisões de destinação de verba publicitária das estatais, tanto na escolha das agências que criarão as campanhas quanto na compra de espaço publicitário (não esqueçamos que as empresas públicas têm os seus dirigentes e seus conselheiros nomeados pelo Executivo). Conclusão óbvia: a publicidade das estatais deve ser politicamente creditada ao governo da vez, que dela se beneficia para a construção de sua imagem positiva. Portanto, a soma dos dois dinheiros (o da administração direta e o da administração indireta) é pertinente.

Desse modo, se considerarmos o governo federal como parte (determinante) da administração da verba publicitária das estatais, teremos que ele, com um orçamento publicitário de 3,15 bilhões de reais (4,13% do mercado inteiro), poderia ser apontado como o maior anunciante do país (no ano que tomamos aqui como base, o de 2010), destronando as Casas Bahia, que passariam ao segundo posto, com 3,01 bilhões. É uma participação alta o suficiente para que consideremos a hipótese de estatização de uma parcela do mercado.

Para que tenhamos termos de comparação, lembremos que, nos Estados Unidos, onde o governo federal vem recebendo críticas por gastos excessivos em publicidade, essa participação não ultrapassava 0,65% de todo o mercado, no mesmo ano.[18]

AS PREFEITURAS VÃO NA MESMA TOADA

O governo federal é bastante pródigo nesse quesito, mas não é o anunciante público que mais cresce no Brasil. A escalada mais violenta de gastos vem acontecendo nos governos municipais e nos estaduais, como nos casos de São Paulo e Rio, que já foram citados. O modelo também vem sendo reproduzido em cidades menores. A afirmação pode ser verificada com alguma paciência e certa habilidade para cruzar dados que nem sempre são de fácil consulta — à revelia da Lei de Acesso à Informação.

Foi o que fez a *Folha de S.Paulo*. Levantamento divulgado pelo jornal no início de abril de 2014,[19] em outra reportagem de Fernando Rodrigues, compilou cerca de 230 licitações preparadas por prefeituras e câmaras municipais para a contratação de agências de propaganda de outubro de 2013 a março de 2014. Segundo a pesquisa, realizada pelo acompanhamento das reproduções de anúncios de licitação no boletim da Associação Brasileira de Agências de Publicidade (Abap), foram identificadas 196 prefeituras e 32 câmaras anunciando novos contratos para fazer propaganda. Mas na maioria dos casos não foi possível verificar os valores das licitações. Em apenas noventa deles chegou-se aos números envolvidos: 101,4 milhões de reais.

Chama a atenção o caso da propaganda governamental da cidade de Presidente Kennedy, no estado do Espírito Santo. Com apenas 11 130 habitantes, o município destinou 1,8 milhão de reais para a publicidade oficial, o que representa um gasto médio de 161,73 reais por morador. O orçamento das receitas da cidade previsto para 2014[20] é de 476,2 milhões de reais — o que significa um gasto de 0,5% do orçamento não com a publicidade total, mas apenas nas licitações apuradas pela *Folha*.

Outro município em destaque no levantamento da *Folha* chama-se Pitangueiras.[21] A cidade do interior, com 37 mil habitantes, está na região de Ribeirão Preto e, segundo a pesquisa, elevou seus gastos com publicidade nos últimos cinco anos em 400%. Em 2009, o valor era de 200 mil reais. Para 2014, foram previstos 1 milhão de reais. A justificativa para o aumento estratosférico é naturalmente a mesma: campanhas de orientação à população para o combate à dengue e para informar sobre o programa de recuperação fiscal (Refis).

A avidez também se manifesta nas câmaras municipais, de acordo com a *Folha*.[22] A de Ouro Preto (MG), cidade que tem 73 mil habitantes, destinou 500 mil reais no ano de 2014 à propaganda realizada por agências para divulgar as ações do Legislativo. Segundo o presidente da Câmara, o objetivo é informar a população sobre as decisões tomadas na casa. A título de comparação, a reportagem informou que a quantia corresponde a "quase tudo o que a prefeitura da cidade — que é patrimônio histórico mundial — gastou com a reforma de imóveis no primeiro semestre de 2012".

O fato é que, se juntarmos os gastos federais aos estaduais e municipais em todo o país, veremos que uma fatia considerável do mercado anunciante brasileiro se encontra, sem exagero, estatizada. Por agora, contudo, seria ocioso tentar fazer essa conta. Ela terá de ser feita, em detalhes, em outras pesquisas. Tenhamos em mente, apenas, que os gastos governamentais em publicidade são, mais do que vultosos, escandalosos, e que sua finalidade é eleitoral e partidária.

15. A lei, ora, essa letra vã e inócua

A Constituição Federal é expressa. Ela proíbe sem meias palavras que o administrador público use o erário para falar bem de si mesmo. Essa conduta, segundo o legislador constitucional, fere a moralidade pública e agride o princípio da impessoalidade. A autoridade que desobedecer a lei responderá por improbidade administrativa, no mínimo. Não obstante, é exatamente isso que os governantes fazem: falam bem de si com o dinheiro público. Como é possível?

Vale relembrar aqui o artigo 37 da Constituição:

> Art. 37. A administração pública direta e indireta de qualquer dos Poderes da União, dos Estados, do Distrito Federal e dos Municípios obedecerá aos princípios de legalidade, impessoalidade, moralidade, publicidade e eficiência e, também, ao seguinte:
> [...]
> XXII
> § 1º - A publicidade dos atos, programas, obras, serviços e campanhas dos órgãos públicos deverá ter caráter educativo, informativo

ou de orientação social, dela não podendo constar nomes, símbolos ou imagens que caracterizem promoção pessoal de autoridades ou servidores públicos.

Mais claro, impossível. Prefeitos, governadores, presidentes e outros ocupantes de cargos na gestão estatal ficam proibidos de instrumentalizar a publicidade oficial para obter vantagens pessoais, em imagem ou em voto. A promoção pessoal é falta grave. Mas, uma vez que estamos no Brasil, não sejamos assim tão definitivos. Digamos que existe um caminho de hermenêutica formalista, no raciocínio jurídico que vem permitindo às autoridades contrariar o artigo 37, pisotear-lhe o espírito e ainda sair bem na foto.

Em que consiste esse formalismo contra a lei? Simples. O artigo 37 proíbe que a publicidade carregue "nomes, símbolos ou imagens que caracterizem promoção pessoal". Logo, ela não proíbe, ao menos não expressamente, que exista, na publicidade, a marca da administração do "fulano de tal", desde que o nome próprio do "fulano de tal" não seja citado. Ou seja: o artigo 37 da Constituição não proíbe que a propaganda do Poder Executivo promova a marca daquele governo específico, certo?

Como dois e dois são quatro, a lei não impede que determinado presidente da República mande confeccionar para o seu mandato uma logomarca especial, distintiva, que simbolize a sua gestão, somente a sua, diferenciando-a das demais. Isso pode, certo? Sim, isso pode, dirá o formalista governista. Se pode, o governante terá, a partir daí, um símbolo para carimbar seu próprio governo, tão pessoal e intransferível como o seu nome próprio. Seguindo a trilha do ardiloso artifício, temos enfim que a marca de governo, não sendo o nome próprio nem a fotografia do governante, pode ser veiculada normalmente, em campanhas massivas, abrasivas, que varrem o país inteiro. Foi desse modo que esses logotipos, no lugar do nome do prefeito, do governador ou do presidente, nomeiam, visualmente, a pessoa do governante.

Nos dois governos de Luiz Inácio Lula da Silva, entre 2003 e 2010, o slogan "Brasil, um país de todos" cumpriu a nobre missão de funcionar como sinônimo de "governo Lula". No governo Dilma, foi a vez do "País rico é país sem pobreza". Bastava bater o olho nesses dizeres para o sujeito saber que ali estava a assinatura pessoal de Dilma Rousseff. Há variantes mais ou menos criativas. Em Minas Gerais, a expressão "choque de gestão" foi de tal maneira associada à identidade de Aécio Neves que virou uma marca registrada tanto dele quanto de seu governo.

A propaganda oficial tem assim um traquejo bastante inventivo quando se trata de identificar ostensivamente o governante, mesmo sem dizer o nome dele. E todos fingimos mansamente que ela não agride a Constituição. A propaganda oficial transforma em lixo os princípios democráticos, e fingimos que está tudo bem.

Já houve tentativas de limitar a distorção, mas elas naufragaram sem ser pranteadas. Foi o caso da Câmara Municipal de São Paulo. A Lei Orgânica do Município já tinha incorporado, como outras tantas pelo país, o mesmo princípio da Constituição. O que, vamos convir, é compreensível. As cidades que pretendem viver em democracia acreditam que impedirão a promoção pessoal de seus prefeitos à custa dos munícipes. Ou não seriam democráticas. A Lei Orgânica já estabelecia, em seu artigo 85, que:

> A publicidade das atividades, programas, obras, serviços e campanhas da administração pública direta, indireta, fundacional e órgão controlado pelo Poder Municipal, independente da fonte financiadora, deverá ter caráter educativo, informativo ou de orientação social, dela não podendo constar nomes, símbolos ou imagens que

caracterizem propaganda partidária, promoção pessoal de autoridade ou servidores públicos.

Sim, a cidade de São Paulo já proibia os logotipos espertinhos. Então, um dia, diz a lenda que certo prefeito mandou pintar as cores de seu partido no brasão da cidade. As cores não estavam proibidas, raciocinou o alcaide. Rapidamente, porém, o Ministério Público reagiu. Vereadores também reagiram e, a partir daí, a Câmara Municipal aprovou um novo dispositivo legal que foi ainda mais expresso em suas restrições. Foi assim que nasceu, em 6 de junho de 2006, a Lei Municipal nº 14166, que estipulou, em seu artigo 1º, que "os governantes do município de São Paulo não poderão usar nenhuma logomarca de identificação de sua administração que não seja o brasão oficial da cidade, com a inscrição 'cidade de São Paulo'". Para não deixar margem a dúvidas, a lei foi ainda mais direta: "Fica expressamente proibido o uso de qualquer logotipo ou logomarca que insinue ou lembre por semelhança o símbolo de partido político".

Os logotipos de ocasião saíram de cena. No entanto, assim mesmo, esse ramo hiperdesenvolvido da indústria, que se especializou no proselitismo a serviço da estetização de governos e do próprio Estado, havia encontrado subterfúgios para driblar também o veto ao logotipo. Ela não precisava mais disso para identificar a gestão e então proclamar os supostos méritos do prefeito e de seus assessores. Bastava um slogan descolado. O prefeito Gilberto Kassab (2006-12) investiu tudo no "Antes não tinha, agora tem", que virou sua logomarca informal. Era óbvio para todo mundo que o slogan nomeava a gestão Kassab. Por essas e outras, também em São Paulo a promoção da autoridade prosseguiu sem abalos.

16. Propaganda oficial, proselitismo e desinformação

Embora a Carta Magna brasileira não tenha nenhum artigo que trate da obrigatoriedade de dar "visibilidade" a pretensas realizações do governo, essa é uma das constantes nas justificativas para a gastança generalizada em propaganda. Não obstante, tanta publicidade não leva, quase nunca, informações vitais aos cidadãos; interessa apenas aos governantes, que, graças a esse expediente, fazem campanha eleitoral fora do período autorizado por lei. O que os governos fazem é *publicidade do governo*, ou seja, *a favor do governo*, com peças publicitárias oficiais que seguem as fórmulas da publicidade comercial.

A divulgação é feita sob o pretexto de informar o cidadão sobre a inauguração de um novo hospital, uma campanha de vacinação ou o início de funcionamento de uma estação do metrô (daqui a alguns meses ou anos), mas serve apenas para exaltar os feitos de quem responde pelo Poder Executivo e para passar a mensagem de que o prefeito, governador ou presidente, tanto faz, deve permanecer onde está — no poder — ou deve eleger o sucessor.

O hábito é ancestral e de tal forma arraigado na cultura política brasileira que parece intransponível. As origens são várias, como já pudemos observar em outras passagens deste livro, mas há aspectos que ainda não foram devidamente comentados. Para começar, o volume de dinheiro descomunal empregado em propaganda de governo tem, em grande parte, destinação certa, cujos resultados são palpáveis (como resultados, leia-se atingir e convencer os eleitores antes da abertura oficial do horário eleitoral). A maior parte da verba de publicidade vai para anúncios na TV aberta. Essa é uma regra do mercado publicitário de modo geral, quando se trata de grandes anunciantes (categoria na qual, como já vimos, o governo federal se inclui). Só para dar uma ideia do volume, a participação da TV aberta no mercado publicitário de 2012 foi de 64,7%, segundo o *Mídia Dados*.[1] E o motivo para o investimento é bem simples: a população brasileira vê muita TV. A penetração do meio chega a 97%, segundo o relatório citado, referente ao ano de 2012.[2]

É pela TV que a população normalmente se informa. Entre as famílias brasileiras, esse representa o meio de comunicação predominante e prioritário desde a segunda metade do século passado. A partir dos anos 1960, foi ela quem ancorou e organizou o espaço público, como uma espécie de centro virtual do imaginário nacional até os dias de hoje.

Seu peso é reforçado pelo fato de que o brasileiro lê pouco. A pequena incidência da leitura em comparação com outros países pode ser observada na terceira edição da pesquisa Retratos da Leitura no Brasil, realizada em 2011 e disponível no site do Ministério da Cultura. O estudo revela que o brasileiro lê em média quatro livros por ano, e só a metade desses é lida do começo ao fim. Na Europa, esse número vai de oito a dez livros per capita ao ano, e nos países nórdicos, alcança o índice de quinze livros por ano. Outro dado que ajuda a entender o ambiente em que a torrente de propaganda de governo viceja é o seguinte: apenas 50% dos brasileiros podem ser chamados de leitores, a outra metade praticamente não lê — por dificuldade de leitura, por desinteresse ou falta de tempo. De acordo com informações divulgadas pela Unesco em 2009, o Brasil era apenas o 47º colocado em leitura e compreensão de textos em um ranking de 52 países. Não admira que a TV ocupe posição tão relevante para a população.

Foi assim que a televisão concentrou, no Brasil, as funções de informar, vender, formar e entreter, o que se deu praticamente sem nenhuma competição dos meios impressos — e praticamente sem a mediação dos meios impressos. Apenas bem tarde e, ainda assim, de modo residual, os jornais e as revistas despertaram para a necessidade de cobrir jornalisticamente as relações entre os cidadãos e a televisão.

Nesse período, a TV vem se relacionando com o telespectador de forma monológica, condição que, com o advento das tecnologias mais interativas da era digital, tende a mudar de figura. A partir da segunda década do século XXI, os brasileiros passaram a figurar entre os maiores usuários das redes sociais em todo o mundo, e o número de pessoas com acesso à internet no país só aumenta. Para dar uma ideia, no segundo trimestre de 2013, havia 105,1 milhões de brasileiros com acesso à internet, segundo dados divulgados pelo Ibope, o que representou uma alta de 3% em relação ao primeiro trimestre daquele ano.[3] Embora o contexto cultural esteja sendo fortemente influenciado por essa mudança de cenário, o peso da televisão entre nós ainda é determinante, para dizer o mínimo.

Claro que tudo isso se reflete no ambiente eleitoral.

No Brasil, a propaganda eleitoral na TV determina o sucesso dos candidatos. Quanto maior o tempo de exposição (ou seja, quanto mais propaganda), maior a chance de o político se eleger. São vários os levantamentos que corroboram esse fato. Peguemos apenas um, que foi noticiado em agosto de 2012 pelo jornal *O Estado de S. Paulo*. Segundo o levantamento, os candidatos a prefeito nas capitais com mais de cem inserções de trinta segundos por semana na TV (isso durante o horário oficial eleitoral) tiveram 69 vezes mais sucesso do que aqueles com menos de cinquenta inserções.[4] A moral dessa história é: cresça (na TV) e apareça (na urna). Ora, como crescer nesse espaço sem ter que obedecer as restrições do horário eleitoral? Nada mais elementar: basta mostrar ali as inacreditáveis maravilhas da gestão daquele partido à frente de prefeituras, governos ou mesmo do Palácio do Planalto.

Eis por que a propaganda de governo vem sendo cada vez mais praticada nos moldes da publicidade comercial, que alcança as massas com mensagens banais, como a de um sabonete, um automóvel, uma geladeira, mas com propósito escancaradamente eleitoral. Aqui, manifesta-se de modo irrefutável a mentalidade autoritária, que não hesita em instrumentalizar a informação em benefício do bom e velho proselitismo, travestido em interesse público. É o Estado de Narciso em sua mais perfeita tradução.

17. Governar é anunciar

Com a abertura política e, depois, a democratização na década de 1980, os governos passaram a destinar somas cada vez maiores para a propaganda porque perceberam que a moeda corrente da disputa eleitoral seria a publicidade paga veiculada por diversos meios, com destaque para a TV. O Estado virou um anunciante de porte gigantesco, e teve início o processo de estatização parcial do mercado anunciante, sobretudo em praças menores, mais distantes dos grandes centros.

Nas regiões menos populosas, os anúncios do poder público acabam por desequilibrar o mercado, causando um aumento da dependência de milhares de emissoras e jornais de pequeno ou médio porte em relação às verbas oficiais. Há casos em que, para órgãos de imprensa local, os anúncios pagos pela prefeitura, governo do estado ou União são indispensáveis.

O modelo é draconiano, pois abre a brecha para que o poder público tire proveito dessa vulnerabilidade. Há emissários de autoridades que, na conversa com os donos de jornais e emissoras, ameaçam abertamente: se não tiverem tratamento jornalístico privilegiado, fecharão a porta do cofre. Outros são menos explícitos e partem para as táticas de sedução e cooptação. Uns e outros têm em comum o objetivo de conspirar contra a independência editorial desses órgãos e, no limite, nocautear a liberdade de imprensa nessas comunidades. E isso com o apoio das próprias redações, sequiosas por faturamento. Dá-se, desse modo, uma simbiose, apoiada por milhares de veículos, editoras e emissoras, que enfraquece as instituições democráticas.

Em sua defesa, os burocratas palacianos lançam mão de argumentos de roupagem liberal. O mais comum é o que invoca a "pluralidade da mídia". Dizem que, com os préstimos da verba governamental, promovem a "pluralidade" e "oxigenam" as publicações regionais. A realidade comprova o contrário.

Que o número de órgãos de imprensa beneficiados pelo Estado anunciante aumentou, não há dúvidas. Em 28 de dezembro de 2010, a *Folha de S.Paulo* noticiou: "Lula coloca publicidade estatal em 8094 veículos".[1] A reportagem retrata o crescimento da quantidade dos que são presenteados com dinheiro federal: em 2003 eram 499; em 2010 beiravam os 8 mil; 2014 o número chegou quase a 10 mil.[2]

De fato, houve uma "pulverização" da propaganda federal. Os encarregados da comunicação do Planalto preferem empregar expressões mais "cívicas", como "regionalização" e "democratização". Será isso mesmo? Ou será uma expansão das técnicas de cooptação?

A pergunta não pode ser ignorada. Antes de tudo, porque esses gastos "democratizantes" e "regionalizantes" não têm sido transparentes. O quadro geral de distribuição opaca de recursos públicos a jornais e emissoras sugere que os governos têm gasto bilhões, não para tornar a sua comunicação mais eficiente ou para levar a informações vitais para brasileiros que habitam os rincões mais distantes; a intenção é agradar os veículos de menor porte, que têm um papel preponderante nas disputas locais. Ao menos até o início de 2014, o contribuinte não tinha ideia de quanto cada veículo recebeu, assim como não tinha ideia sobre os resultados dessas campanhas.

Depois, ao distribuir suas campanhas dessa forma, sem critérios técnicos, apenas com a motivação de "democratizar" as verbas, o governo realiza uma compra pública sem observar as exigências verdadeiramente democráticas. Expliquemos. Ao adquirir um aparelho de ar-condicionado para um hospital público, a autoridade terá que avaliar, por meio de licitação, quem oferece o melhor aparelho, a melhor assistência técnica, a melhor garantia e o melhor preço. Só depois dessa análise ela poderá decidir. Ao contratar um veículo "regional" ou "alternativo" para veicular uma mensagem oficial, a autoridade teria de levar em conta o público que deve ser alcançado, o custo disso, a qualidade da relação entre esse público e o veículo em questão. Afinal, nesse caso, a autoridade está comprando um serviço privado para a realização de um propósito público: levar determinada informação a determinada parcela da sociedade brasileira. Esses seriam os critérios técnicos para a decisão de compra (de espaço).

O que observamos rotineiramente, contudo, não tem nada a ver com esses critérios. Há campanhas e mais campanhas que não guardam nenhuma relação de eficiência com a audiência daquele jornal em particular. A mensagem está lá não pelo que vai comunicar àquele público, mas apenas porque vai permitir ao burocrata "repassar" um dinheiro àquela publicação. Isso porque, pela teoria dos governos, distribuindo seus milhões para os pequenos, os veículos locais ou "alternativos" sairiam fortalecidos. Se o argumento fosse sincero (e não é), ele seria simplesmente irracional. Se os burocratas do Estado anunciante pretendem pôr em marcha uma política pública em prol da diversidade da imprensa nacional, deveriam implementar linhas de crédito para fomento de órgãos de imprensa com determinadas características. A essas linhas de crédito as mais diversas redações que atendessem às especificações estabelecidas poderiam se candidatar, em condições de igualdade. Os critérios seriam claros e transparentes. Quando, no entanto, um setor do governo usa de recursos destinados à publicidade oficial para promover o que supõe ser a pluralidade, pode estar incorrendo num estranho desvio de propósito. O dinheiro da propaganda oficial é exagerado, desmedido, muito mal controlado, tudo isso é verdade, mas ele não se destina, legalmente, à promoção de uma suposta diversidade de imprensa: destina-se, isto sim, à compra de espaços publicitários que ajudem o governo a realizar a comunicação devida. O argumento governamental de propiciar "oxigenação", "diversificação" e "regionalização" por meio de critérios que não são técnicos e, portanto, não podem ser impessoais, é, além de esquisito, impróprio e inadequado.

A hipertrofia do Estado anunciante, seguida da hipertrofia de sua base de clientela, tende a criar no país um ambiente de dependência de órgãos de imprensa em relação ao poder público, e onde a dependência se instala, a liberdade se apequena. Em poucas palavras, a hipertrofia do Estado anunciante não traz nenhum benefício à democracia. Traz apenas malefícios. Ela é, por definição, antidemocrática. Quando se converte em anunciante poderoso, o governo passa a constranger, seduzir, cercear ou mesmo chantagear órgãos de imprensa, não necessariamente nessa ordem. O jornalismo investigativo perde fôlego. A democracia também.

A MOEDA DA AUTOPROMOÇÃO

Quanto ao conteúdo, a comunicação de governo, especialmente, funciona cada vez mais como prolongamento dos filmes partidários da campanha eleitoral. Não apenas a estética — a linguagem —, mas também as equipes responsáveis pelas peças publicitárias dos governos e pelos filmes do horário eleitoral costumam ser as mesmas, como já foi registrado em outras passagens deste livro. Estamos tratando aqui de um mercado que se autonomizou para dar nascimento a uma indústria com identidade própria. O negócio frutificou, ganhou regras próprias e um nome relativamente pomposo: o bilionário campo do *marketing político*. Os dutos de abastecimento dessa nova indústria são os contratos com governos e partidos políticos, às vezes simultâneos. Conflitos de interesse à parte, é por aí que os governantes, os partidos e suas agências aprenderam a fazer e a financiar a campanha eleitoral fora do período eleitoral. A máquina, azeitada e célere, funciona muito bem.

Pergunta: será que alguém acredita em filmetes de otimismo governista do tipo em que a metrópole (pode ser São Paulo, Rio de Janeiro ou outra grande cidade qualquer) aparece como uma musa deslumbrante, com ruas imaculadas e calçadas que são passarelas, em que se pode caminhar sem medo, pois a iluminação é digna de um estúdio cinematográfico, os policiais sorriem como garçons, e onde os postos de saúde são tão aprazíveis que dá até vontade de ficar doente?

Resposta: não, as pessoas não acreditam. O telespectador, pobre dele, assiste ao filme e em seguida olha pela janela em busca de uma migalha que seja da urbe publicitária, mas nada do que é mostrado na tela se parece com a vida real. A realidade é completamente outra. Mas, dada a repetição intensiva, a fórmula traz dividendos eleitorais. Não pelo que tem de crível, mas pelo que tem de eficiência em fixar na cabeça do público o nome do político, do partido ou a marca da gestão. Embora não consiga se passar por verdade, a propaganda de governo tem a inestimável capacidade de gerar familiaridade entre o telespectador e a turma instalada no poder. Torna o político um pouco mais conhecido. Faz com que as pessoas se lembrem dele — e essa lembrança, quando a campanha eleitoral começar oficialmente, é uma vantagem que vale mais do que ouro. Não surpreende, pois, que esse insulto cotidiano aos olhos, à inteligência e ao bolso dos cidadãos não pare de crescer.

Os estrategistas de imagem dos governos sabem que, de alguma forma, a técnica — regada a bilhões — vai acabar surtindo efeito. Sabem que, se baterem na tecla da propaganda caríssima e ilusionista, o cidadão vai acabar se lembrando daquela marca, daquele rosto, daquele governante, como alguém que se lembra de uma celebridade ou de um ator muito famoso. O que esses estrategistas buscam, no fim das contas, é ficar na liderança dos nomes mais lembrados pelo eleitor. E operam na mais absoluta tranquilidade. Não há lei que possa impedi-los de aumentar a gastança e de se esmerar nesse esporte que é a única unanimidade entre as diversas agremiações que se batem na política brasileira: a autopromoção consentida, paga pelo erário.

Se os programas sociais de saúde, moradia e educação crescessem na mesma proporção que a promoção pessoal de governantes, a vida real seria a melhor propaganda do mundo. Mas ela não é. A publicidade dos governos aumenta com base no termômetro da infelicidade dos governados. Ela vende o céu porque a vida é um inferno.

O instituto tácito da publicidade oficial ilimitada também constitui um privilégio acessível apenas aos que já estão no poder. Graças a ela, os governantes têm muito mais exposição nos meios de comunicação do que qualquer oposicionista. Têm muito mais chance de promover a si mesmos sem gastar um tostão do próprio bolso. E não apenas isso. O instituto da publicidade oficial ilimitada (leia-se: a propaganda governista sem pejo nem pudor) trava um combate aberto ao princípio democrático da alternância de poder. Ao tentar convencer o eleitor de que o governo em curso (qualquer que seja) é o melhor do mundo e merece ser reeleito, desequilibra a disputa, vicia o jogo.

18. Implicações éticas

A comunicação oficial brasileira nunca teve parte com a tarefa de incluir o cidadão no exercício e na fiscalização do poder. Nunca significa exatamente isso: nunca. Em nenhum momento da vida nacional a comunicação oficial esteve a serviço da inclusão, da transparência e do compartilhamento dos negócios públicos com a sociedade. Entre nós, a finalidade dessa comunicação tem sido puramente ocultar as mazelas e fazer o marketing pessoal ou partidário de quem manda, num desvio se agravando e se tornando cada vez mais dispendioso, em todos os níveis da administração pública, quaisquer que sejam os partidos instalados no poder. Se ela segue algum protocolo, é o de uma publicidade rebaixada, aquela que não respeita o próprio consumidor e que não hesita em fazê-lo de bobo.

Não por acaso, a imensa maioria das peças de comunicação oficial se deixa organizar pela gramática da publicidade menos civilizada. Tenta-se vender alguma imagem positiva ao cidadão para, com isso, desestimulá-lo a fiscalizar quem governa. É como se ela dissesse: "Não se preocupe com governo, com poder público, com a gestão da coisa pública. Esqueça. Nós cuidamos disso pra você. Pode confiar. Deixe tudo conosco que tudo ficará bem".

O primeiro efeito desse discurso subliminar é infantilizar o debate político. Há nele a premissa de que a opinião pública não alcançou a maioridade e, portanto, pode ser tutelada por estratégias de marketing paternalistas e enganosas. O marketing político que se abrigou dentro da máquina pública, e que se julga capaz de produzir consensos acríticos, quer carregar no cabresto a vontade política da sociedade mais ou menos como uma professora de jardim da infância conduz as crianças em atividades lúdicas dentro da sala. Por pouco não distribuem lancheiras cor-de-rosa de presente aos eleitores.

Deu-se aí, no interior do Estado, algo que ainda não foi suficientemente compreendido: a comunicação oficial se deixou açambarcar pelo discurso e pelo método da publicidade mais ligeira e menos respeitosa que existe. Esse é um dos motivos pelos quais as distinções entre a propaganda eleitoral e a comunicação oficial praticamente caíram por terra, fazendo com que a voz oficial dos governos seja, como já foi demonstrado aqui, o prolongamento da voz publicitária das campanhas eleitorais.

Quais as implicações éticas da incorporação dos truques da propaganda comercial — e, por extensão, das estratégias de marketing — pela comunicação oficial, governamental ou estatal? De que forma esse fenômeno passou a modular a relação política entre governos e cidadãos?

PROMISCUIDADES ANCESTRAIS, AGORA SOB NOVA DIREÇÃO

Comecemos por uma recapitulação rápida do modo pelo qual a publicidade adquire centralidade na cena política. Já sabemos que, no Brasil, pelo menos parte do papel antes exercido pelas empreiteiras na promiscuidade entre poder político e o capital privado foi transferido para as mãos de empresas relacionadas ao negócio de agenciar a comunicação a serviço dos governantes. O tempo em que os governos se gabavam de transformar as cidades num "canteiro de obras" é passado. Antes, isso era sinônimo de dinamismo, de empreendedorismo, de pujança. Praças reviradas por britadeiras e escavadeiras, betoneiras, fumaça e tratores no meio da rua, atravancando a via dos cidadãos, indicavam progresso. Hoje, o velho estilo saiu do centro das atenções. Agora é a vez do político comunicador. O sujeito tem que ser bom de televisão. No núcleo estratégico do poder, as receitas para comunicar os feitos valem muito mais do que aquelas para realizá-los.

Rigorosamente, até mesmo a ideia de comunicar os feitos perdeu atualidade. Hoje, comunicar se tornou o feito em si. Não é mais a comunicação que se presta a tornar conhecidas as obras realizadas. São as obras que, se necessárias ao projeto de comunicação, ilustram e dão materialidade à imagem que a autoridade pretende forjar para si mesma. Construir a imagem é o destino de todo o esforço dos governantes — mesmo que, para isso, alguns hospitais, viadutos e sistemas de saneamento sejam necessários. As obras se converteram em um acessório do "bem principal", que é a comunicação. Por isso, as empreiteiras se deslocam, progressivamente, do centro para a periferia da estratégia política. É verdade que elas ainda representam a fatia mais polpuda das doações para as campanhas eleitorais,[1] mas se afastam gradativamente do centro de inteligência das estratégias políticas. Quanto às agências de marketing eleitoral ou de comunicação política, elas não doam. Preferem receber.

Hoje, a estratégica de comunicação dos candidatos, dos partidos e dos governantes participa da concepção e da gerência das relações promíscuas que definem os vínculos entre os poderes econômico e político. O que conta, agora, mais que a construção de pontes e viadutos, mais que a construção de usinas hidrelétricas, é a construção da imagem. E essa imagem se faz pelos métodos da publicidade comercial.

A primeira implicação ética da incorporação da gramática publicitária pela comunicação oficial é a transformação dos elementos e dos personagens da política em mercadorias imaginárias. No mesmo deslocamento, as relações de cidadania se transformam em relações de consumo.

Naturalmente, há um estágio intermediário nessa trajetória. A publicidade não foi admitida no âmago do aparelho de Estado assim, sem mais nem menos, percorrendo uma viagem direta, sem escalas. Antes, ela se aclimatou na propaganda eleitoral, um território limítrofe entre o Estado e a sociedade. Embora os políticos abençoados pela habilidade retórica sejam tão antigos quanto os memoráveis oradores da Grécia — que foram os grandes e os primeiros demagogos, no sentido não pejorativo que a palavra já teve —, a comunicação com as massas só se firmou como extensão e alavanca da política a partir do século XX, com o surgimento dos meios de comunicação de massa e, depois, das tecnologias digitais. Os totalitarismos resultaram, em boa medida, da tradução do poder nos meios de massa. Nazismo, fascismo ou stalinismo têm esse traço comum: fizeram do fanatismo e da intolerância uma religião que soube embevecer as multidões.

A privatização da comunicação política e a sua conversão num negócio autônomo é algo mais recente. Foi a partir daí que a escola da propaganda comercial faz escala nas campanhas eleitorais antes de se aninhar no Estado. Na segunda metade do século passado, essa privatização se consolidou, tanto na Europa como nos Estados Unidos. Passada a fase mais aguda de estetização do Estado pela estatização do fanatismo (e da propaganda do fanatismo) — coisa que ainda hoje aparece aqui e ali, num anacronismo de mau gosto —, sobreveio a era da comunicação política em moldes abertamente publicitários, o que deu ensejo a uma estética igualmente problemática.

Com a consolidação da sociedade de consumo, na qual as relações de consumo passaram a dar respostas às indagações próprias das relações de cidadania, a propaganda eleitoral explodiu como negócio e como linguagem. O político profissional se tornou, então, uma mercadoria que o consumidor eleitor pode "consumir" por meio do voto (nesse mercado imaginário, o voto funciona como moeda). A identidade do político se transmuta em marca "vendável". Quanto mais "vendável", mais eficiente será seu discurso.

O mesmo mecanismo comparece à transformação dos direitos em marcas desejáveis — elas, também, mercadorias imaginárias. Na televisão, em filmetes que disputam espaços de trinta segundos com propagandas de automóveis ou dentifrícios, a publicidade governamental oferece inebriantes vagas nas escolas públicas, alucinógenas doses de vacinação e novos vagões afrodisíacos em trens que mergulham na periferia. As mercadorias imaginárias são os novos supercondutores de felicidade geral, a qual vem como dádiva atirada do alto do poder, como os astros de rock que jogam flores ou guitarras para a audiência. A condição de mercadoria reveste mesmo o mais elementar dos direitos, pois até mesmo eles, os direitos, se não forem bem "vendidos", não serão assimilados.

O PUBLICITÁRIO DO SÉCULO XXI SUBSTITUIU O IDEÓLOGO DO INÍCIO DO SÉCULO XX

A propaganda vende qualquer coisa, até mesmo legitimidade política. Basta que os direitos ou os candidatos saibam se amoldar aos seus códigos. Nada mais revelador — e ao mesmo tempo cômico — do que ouvir, de estrategistas de campanhas eleitorais que dão errado, que o problema do candidato era um "problema de conteúdo". É como se o publicitário — que está para a política do limiar do século XXI como o ideólogo estava no início do século XX — se desculpasse: "A minha parte eu fiz, mas o fulano não ajuda, ele não tem conteúdo".

A desculpa, claro, é esfarrapada. Ora, qual a parte do publicitário, exatamente? A forma? Não. A parte dele é tudo. A forma, nesses casos, é o conteúdo. Quando o publicitário diz que o candidato, ao qual virou as costas, não tem conteúdo, está dizendo, na verdade, que aquele candidato não soube falar a língua da propaganda. Saiu-se mal no personagem. Um candidato vai mal "de conteúdo" na exata medida em que um pacote de bolachas, um par de sapatos, um cartão de crédito ou um automóvel vão mal de conteúdo. Não há diferença substancial entre uma coisa e outra. São mercadorias à venda no imaginário.

Não que isso signifique que todo aventureiro mediano, desde que conte com uma boa propaganda, se dê bem nas eleições (muitos aventureiros vão muito bem, de fato, mas não absolutamente todos). Não se quer aqui dizer que a publicidade produza artificialmente tudo e qualquer coisa no universo da política. Não é assim que funciona. Aqui apenas se pretende enfatizar que, passando pelas campanhas eleitorais, essa linguagem, a da publicidade comercial, acabou se tornando a língua dominante da política que aí está.

Nesse sentido, embora a publicidade política não seja a senhora do destino das nações, não há político que, sem falar a língua que ela delimita, possa ser alçado à condição de líder de grande projeção. Isso significa, portanto, que em alguma altura da trajetória dos líderes, por assim dizer, autênticos, esse casamento com a publicidade, casamento que envolve a alma, terá de ser celebrado estruturalmente. Não há mais outra passagem.

A partir dessa escala na campanha eleitoral, o negócio da propaganda comercial terminou por se instalar no Estado, levada pelos próprios candidatos vitoriosos — os tais que supostamente eram "bons de conteúdo". Com isso, nesse deslocamento que se cumpriu no curso de poucas décadas, a linguagem do Estado no seu contato com o cidadão assumiu o idioma da propaganda eleitoral, que, por sua vez, já era uma ramificação do idioma da publicidade genérica. Afloraram daí alguns excessos inacreditáveis, como esse de governos terem marca de fantasia, logotipo e slogan próprios, como se fossem empresas ou latinhas de cerveja.

Nisso, bem a propósito, reside um dos melhores símbolos da privatização da comunicação política. No plano da representação simbólica do Estado, a nossa cultura admite, gloriosamente, que ele, Estado, seja carimbado pela marca indireta de um governante de passagem. A nossa cultura admite e aplaude.

Assim como a lógica publicitária vai do mercado para dentro do Estado, ela também volta de dentro do Estado para o ambiente do mercado — ou do negócio privado das campanhas eleitorais. Nessas idas e vindas, vai se aprofundando a promiscuidade sistêmica da comunicação política — promiscuidade que fomenta, lidera e favorece muitas outras.

Também por aí, por meio desse corte ético, podemos perceber razões profundas pelas quais a comunicação estatal, governamental ou oficial se fixou como o prolongamento da comunicação das campanhas eleitorais e vice-versa. A ética de uma é idêntica à da outra. Em ambas, o que existe é a ética que mercantiliza a política, que infantiliza a política.

Voltemos um pouco a esse verbo, infantilizar. Ao promover a privatização da linguagem oficial e dar à voz governamental a um sotaque de televenda, a fala "marqueteira" do poder hipertrofia no cidadão a adesão contente (necessariamente infantil), ao mesmo tempo que procura desativar a participação fiscalizadora. Ela infantiliza o público, uma vez que não trata o cidadão como fonte verdadeira de todo o poder, mas como um beneficiário passivo das benesses concedidas do alto, um sujeito cuja opinião pode e deve ser pajeada. Segundo essa escola, comunicar seria a atividade de reforçar a "agenda positiva" e esquecer — ou anular — os problemas. Comunicar seria vender esperanças e otimismo — ou, meramente, ilusões. Nesse sentido, a ética desse tipo de comunicação governamental, o tipo absolutamente hegemônico, é a negação da política e a exaltação do consumo. Ela inviabiliza a consciência soberana de cada um e, no lugar dela, instaura a dependência afetiva típica das crianças que têm medo do escuro.

Transposta para os domínios da política, a lógica publicitária neutraliza o princípio de que os cidadãos são cidadãos à medida que fiscalizam as autoridades. No afã de apenas vender, anunciar e promover os méritos — às vezes, falsos — dos caciques, constrói o culto à personalidade. Produz idolatrias onde a política teria sonhado com a emancipação.

ONDE (E QUANDO) ISSO VAI PARAR?

Apesar disso tudo, os monstrengos governamentais de comunicação constituem um caminho praticamente sem volta. E isso é apenas metade do problema. A outra metade é: até onde isso poderá nos conduzir?

Por exemplo: por que não criar uma rede governamental de televisão, rádio e internet que faça frente à tal "mídia privada", que, na prática, funciona como "imprensa de oposição" aos "governos populares"? Por que não investir 7 ou 8 bilhões de reais num projeto desses? Em que isso pesaria no orçamento estatal? Quase nada, não é verdade? E, de quebra, por que não aumentar ainda mais o volume de dinheiro público destinado à publicidade oficial? Já que não existe limite na lei, por que não aumentar ainda mais esses gastos?

A essa altura, há autoridades — e partidários de autoridades — sonhando com isso, ardentemente. Se a propaganda de governo rende dividendos eleitorais tão seguros, se é um capital publicitário tão valioso, por que se contentar com tão pouco?

PARTE 5
Aproximações entre a gestão pública da cultura e o jornalismo

19. Arroz integral na política

Gilberto Gil tinha as sobrancelhas apenas respingadas de fios brancos quando foi ministro da Cultura, entre 2003 e 2007. Lembro-me bem dele naqueles tempos de ilusão e grandeza (ou ilusão *de* grandeza). A primeira vez que o vi de perto foi num churrasco na Granja do Torto, onde o presidente Lula morava enquanto o Palácio da Alvorada estava fechado para reforma. Com olhos mansos, quietos, Gil trazia à mão um pequeno pote redondo de plástico, em forma de cuia, num azul esmaecido. Ali dentro, o ministro transportava sua refeição macrobiótica. Enquanto seus iguais se fartavam de coraçãozinho, calabresa fatiada, cerveja e costela macia, ele mastigava arroz integral quase frio. Estava no governo, por certo, mas se reservava o direito de manter uma dieta à parte. Era um bom sinal, um sinal dos tempos.

Essa lembrança pessoal me serve agora de estímulo para uma breve reflexão sobre um paralelismo tão vital quanto esquecido no Brasil: na comunicação pública democrática há mais proximidades do que distanciamentos entre a gestão da cultura e a gestão da informação de interesse público.

Assim como Gil era atípico, o MinC daqueles anos era um lugar diferente dos outros ministérios. O secretário executivo, Juca Ferreira, costumava ir trabalhar de terno cinza largo e tênis almofadado com detalhes em azul-celeste. Caminhava devagar. Desde o comecinho de 2003, eu e outros jornalistas e executivos da Radiobrás tivemos um entendimento fácil e produtivo com aquela dupla e com alguns de seus assessores diretos. Na base das nossas conversas estava exatamente a consciência de que, no Estado, a gestão da cultura e a gestão da comunicação pública deveriam se dar pelos mesmos princípios e pelos mesmos métodos. Houve discrepâncias, claro. Houve movimentos no MinC que nós, da Radiobrás, não acompanhávamos. Houve desencontros. Mesmo assim, mantivemos o bom diálogo durante aqueles quatro longos anos.

Na Radiobrás, que era uma estatal antiquada, na qual imperava desde sempre um governismo exacerbado, a gente alimentava a veleidade de realizar uma política baseada em informação jornalística, não em propaganda. Era quase uma petulância, mas levávamos a sério o nosso propósito. Mais ou menos como o ministro que ia aos churrascos do poder sem morder retalhos bovinos, nós integrávamos a chamada administração indireta, éramos parte do assim chamado "governo Lula", mas procurávamos seguir um cardápio diferente.

Não que estivéssemos pondo em marcha uma reviravolta mais drástica na história da Radiobrás. A mudança que acreditávamos conduzir tinha a característica de ser cuidadosa, vagarosa e prudente. Talvez em demasia. O oficialismo essencial continuava lá, imerso na cultura, na inércia da organização. Continuava inabalável, apesar de nós. Eu mesmo negociava diariamente com ele. Cedia a ele. Não bastasse a *Voz do Brasil*, criei pessoalmente um novo programa de rádio para o presidente da República. Foi uma solicitação do então ministro da Secom, Luiz Gushiken, um dos homens íntegros que conheci no governo. O novo programa se chamou *Café com o Presidente*, nome dado pelo publicitário Duda Mendonça, também autor da marca de fantasia do governo, "Brasil, um país de todos". A princípio quinzenal e, depois, semanal, o *Café* ampliou consideravelmente o espaço de Lula nas rádios brasileiras.

A receita do *Café* não tinha maiores originalidades: uma entrevista semanal com o presidente, que naturalmente falava o que queria e silenciava sobre o que bem entendia. Sarney, quando presidente, também teve um programa mais ou menos parecido, *Conversa ao Pé do Rádio*, que passou completamente batido. Com o *Café*, a coisa deu mais certo. Milhares de emissoras brasileiras o retransmitiam (voluntariamente, sem nenhuma obrigatoriedade), na íntegra ou em partes, ao vivo ou em horários alternativos. Quase toda semana, as declarações de Lula no *Café com o Presidente* repercutiam com destaque em jornais e, por vezes, apareciam no *Jornal Nacional*.

A Radiobrás era a mesma de sempre, controlada de perto por um conselho de administração cujos integrantes eram nomeados por ministros e pelo Palácio do Planalto. Agora, além da *Voz do Brasil*, chapa-branca até não mais poder, tinha também o *Café com o Presidente*, cuja independência editorial era absolutamente nenhuma. Mesmo assim, alguma coisa começava a mudar por ali. Na Agência Brasil, que distribuía conteúdo jornalístico de graça para todas as redações do país, começávamos a noticiar greves e problemas sociais que nenhum governo gosta de ver destacados. Até na própria *Voz do Brasil*, em ocasiões mais raras, essas notícias começavam a aparecer.

Por essas e outras, tivemos que nos habituar a uma nova rotina: dia sim, dia não, recebíamos reclamações de ministros e outras autoridades sobre informações que eles diziam ser "de oposição". Aos meus olhos, eram informações justas, apuradas e editadas com profissionalismo e isenção. Eu recebia as queixas como um reconhecimento do acerto das tímidas mudanças que estavam em curso. Logo notei que as críticas internas vinham das áreas que mais se destacavam pelas tentações autoritárias e pela ojeriza à ideia de transparência. Se essas áreas não aprovavam, devíamos estar no bom caminho.

O Ministério da Cultura apanhava menos, bem menos que a Radiobrás. Mas, assim como acontecia conosco, algo de inusual se insinuava por ali. Houve derrapadas, houve guinadas de mau jeito, mas uma utopia respirava nas salas de Gilberto Gil e de Juca Ferreira. Nós, da Radiobrás, que estávamos internados num pequeno edifício da Asa Norte, de quatro andares, geograficamente apartados da Esplanada, olhávamos com uma ponta de alegria para o que poderia germinar na cultura. Os dirigentes do MinC falavam em código aberto (quando o assunto era software), em afirmação de identidades culturais (que iam dos gays aos quilombolas) e em acesso universal à internet. Gil era uma autoridade não convencional. Suas falas pareciam uma radicalização mansa do Iluminismo, sem se limitar ao paradigma iluminista. De nossa parte, seguíamos um diapasão parecido.

Na Radiobrás, nosso trabalho se opunha a toda forma de dirigismo ideológico, de modulação oficial da opinião pública. No início, eu pensava que essas distorções eram coisas do passado mais distante. Não me dava conta, ainda, de que esses e outros desvios da mesma família iriam florescer no interior do governo que tinha me contratado, mas era o que estava para acontecer.

Silenciosa e maliciosamente, o dirigismo cultural se alastrava pela Esplanada. Na fala de burocratas embevecidos de si próprios, embriagados pela possibilidade de comandar sub-repticiamente a formação da vontade dos eleitores, comecei a localizar os primeiros sinais do problema. Na visão dos novos catequizadores, tratava-se de aproveitar a chance técnica de conduzir a sociedade para um ciclo — virtuoso, na cabeça deles — de adesão ao poder. Surgiam ali projetos, ou impulsos inconscientes, de construir uma comunicação pública partidarizada e, se possível, manipuladora — mas no "bom" sentido.

Foi se desenhando então o que se poderia chamar de "fisiologismo cultural de esquerda" — coisa que, aos meus olhos, soava com um oximoro, pois eu não via como poderia existir "fisiologismo de esquerda". Logo viriam as políticas direcionadas a presentear com fomentos fáceis os artistas amigos, assim como já existiam as fórmulas para brindar com obras dispendiosas as empreiteiras aliadas.

Eu e meus interlocutores mais próximos olhávamos a paisagem em volta e, bem, daquele cardápio a gente não queria se servir. De jeito nenhum.

20. O republicano antirrepublicano

Na temporada inicial na Radiobrás, a gente ainda não via a paisagem com a devida nitidez. Ou, se via, não queria admitir que tais padrões mentais (e de conduta) conseguiriam se instalar em um ou outro escaninho do governo. Para nós, muito melhor e muito mais encantador era contemplar o que havia de inovador e promissor, melhor do que se aborrecer com os vícios do dirigismo cultural abrutalhado pela insensibilidade e pela falta de lustro e de lastro intelectual.

No nosso núcleo na empresa, declarávamos abertamente que não cabe a governos tentar moldar o que pensam cidadãos livres. Governos não deveriam se arvorar a induzir a opinião pública, embora estejam autorizados a induzir os processos econômicos (desde que segundo parâmetros legais, transparentes, impessoais e justos). Ao assegurar o acesso à cultura, ou seja, o acesso à criação, ao consumo e à vivência da cultura, o poder público deveria proporcionar aos governados a condição de ir além do próprio governo. A gestão da cultura e da informação num governo democrático tem como objetivo estimular os cidadãos a formular perguntas e desafios que em nada ecoam as pautas governamentais. De preferência, que as contradigam. Servir à causa pública, no universo da cultura, significa estar a serviço de um processo cujo controle não cabe ao Estado ou ao governo. Acreditávamos que a liderança dos processos culturais não poderia se encastelar em Brasília; tinha que vicejar na planície. Também por isso, uma perspectiva de trabalho cultural que fortalecesse a ideia de emancipação deveria combater os que se acomodam no crachá e distribuem ordens para os de baixo. A comunicação pública, de sua parte, deveria buscar os protagonistas na sociedade, não no governo.

A identidade de pensamentos (imperfeitos) entre Radiobrás e MinC podia ser meio intuitiva e desorganizada, mas não era acidental. Afinal, já dava para ver, a gestão da cultura segue parâmetros bem parecidos com aqueles que orientam a gestão da informação e da comunicação pública como um todo. Numa sociedade livre, a informação jornalística integra o universo da cultura. Na dinâmica solta de uma esfera pública não oprimida, a informação jornalística passa por processos de mediação que buscam se pautar pelo mesmo respeito com que se reverenciam os bens culturais. Subordinar as versões da informação a finalidades governistas é tão grave quanto reduzir os bens culturais a palanques em prol de idolatrias. E as duas práticas são tão nocivas quanto aquela outra, bem disseminada, de usar o dinheiro público para fins privados.

Se a cultura é patrimônio imaterial (expressão que fez a cabeça de Gilberto Gil) e, mais ainda, de todos, não se pode aceitar que seja instrumentalizada em benefício dos poucos que se acham investidos de funções oficiais. Do mesmo modo, se a informação é direito de todos, é preciso perguntar: como compactuar com aqueles que pretendem distorcê-la deliberadamente — e distorcê-la em empresas públicas, o que é pior — para extrair dividendos eleitorais?

Já em 2003, um adjetivo virou moda nas reuniões do governo: "republicano". Tudo tinha que ser "republicano". Não era má intenção de ninguém. Era um cacoete. A princípio, inocente. Os falantes se empertigavam para pronunciar o termo. Emprestavam-se ares zelosos e bordavam nas sílabas: "re-pu-bli-ca-no". A lembrança não deixa de ter certa graça. Mais ou menos na mesma época, o adjetivo "estratégico" no vocabulário da administração privada, grassava tanto que transbordou para as plagas do governo federal, no qual virou até nome de ministério, a Secretaria de Assuntos Estratégicos. Outro adjetivo em alta era "robusto". Falava-se em orçamento "robusto", projeto educacional "robusto", dados "robustos".

O adjetivo "republicano", talvez por ser mais estratégico, desfrutava de um prestígio bem mais robusto. Corria solto nas reuniões. Havia uma competição para ver quem esgrimia o argumento mais republicano. Quando alguém o invocava, chamando os interlocutores ao consenso indiscutível, arvorava-se a justiceiro do clientelismo, do fisiologismo e do patrimonialismo. "Republicano" era sinônimo de sobriedade administrativa. Era um mantra cívico, um robusto e estratégico mantra cívico.

Se o modismo vernacular ficasse só nisso, estaria tudo bem. Acontece que logo foi revestido de algumas credenciais que davam a seus adeptos um signo de superioridade, mais ou menos como se só o governo Lula fosse republicano e todos os anteriores fossem o fim da picada. Nessa semântica, nada poderia ser mais "republicano" do que... bem, do que nós.

Aquilo parecia uma maluquice, por mais que muitos compartilhássemos uma aspiração determinada de modernizar a máquina pública no Brasil. Eu pensava e não tinha como deixar de reconhecer: nada mais antirrepublicano do que a presunção de superioridade moral de um partido ou de um governo em relação a todos os demais.

Foi desconcertante ir descobrindo, aos poucos, que os mais

contumazes repetidores do adjetivo "republicano" eram os que mais se esbaldavam em instrumentalizar a cultura e a informação a seu favor. Nascia aí uma lógica segundo a qual "a cultura é instrumentalizada pelo mercado para produzir a alienação" e que, portanto, "é lícita uma instrumentalizada pelo outro lado". Ah, sim, muitos gostavam de falar também em "cultura anti-hegemônica", ou "contra-hegemônica". Falavam com a melhor das intenções, acredito até hoje, mas o resultado era meio complicado.

A tal "cultura contra-hegemônica" seria uma forma de "desconstruir" (outra palavra adorada) as mistificações culturais criadas pelas "elites" e pelo "capital". Vamos explicar melhor: "desconstruir" as falsidades das "elites" significava construir a adoração do governo federal. Esse era o problema. O adjetivo "republicano" se transformou, nesse curso, na senha que autorizava o seu contrário. Foi triste.

Em matéria da informação jornalística, a seita que se abrigava sob o adjetivo "republicano" criticava enfurecidamente a manipulação com que a "mídia privada" envenenava "corações e mentes". Se a manipulação imperava na "mídia privada", ora, nada mais natural que o Estado se incumbisse de um "contradirecionamento", por assim dizer, para contrabalançar as versões e repor a "verdade" (que as aspas nos acudam). Segundo essa doutrina, "a verdade" dos fatos seria uma espécie de média aritmética entre duas distorções deliberadas, a da "mídia privada", que seria "de direita", e a do governo, que seria "super de esquerda".

Conclusão lógica: a versão chapa-branca, ultragovernista, embora fosse parcial (e isso todos admitiam, republicaníssimos, "parcial, mas não mentirosa"), prestaria inestimáveis serviços à "verdade dos fatos" e à liberdade dos cidadãos. Seguindo fiel e cegamente as palavras de ordem do governo, os cidadãos desinformados pela "mídia de direita" e pela "cultura alienante" das elites encontrariam, enfim, a média aritmética e, com ela, a sua liberdade.

21. Um modo de (não) pensar e a cultura anticultural

Seitas como a do adjetivo "republicano" por vezes redundavam numa recusa de qualquer conquista do liberalismo. Esse negócio de cultura livre era bobagem, ingenuidade barata, assim como essa história de informação apartidária era conversa mole que só enchia a bola da oposição. Nós, na Radiobrás, falávamos muito em apartidarismo. Eu mesmo de vez em quando me declarava um militante do apartidarismo. Dizia que defendia o partido do apartidarismo. E isso também não era bem recebido.

Nossos adversários afirmavam que cultura e informação nada mais eram do que propaganda. Sempre propaganda. Consciente ou inconscientemente, jamais passariam de propaganda. Sendo assim, já que toda forma de cultura era propaganda, já que toda forma de jornalismo era propaganda, a questão toda se resumia em saber para que lado dirigir a propaganda. Esqueça a vã filosofia infantil de achar que não há controle do poder sobre a cultura e sobre a informação jornalística. Sempre o controle estará lá, aberto ou velado. Só o que nos cabe, se queremos mesmo mudar o Brasil e deixar para trás as "heranças malditas", é tomar o poder sobre esse controle inevitável e teleguiar a cultura e a informação a favor dos interesses do povo, que são os interesses republicanos, logicamente universais, e estão encarnados no partido do governo. Deu para entender agora?

Como teria sido possível agir contra tão robusto e tão estratégico republicanismo? Como era possível se opor a essa mentalidade? Para desmontá-la, era preciso pensar com base em outros referenciais. Era preciso, de início, traçar a distinção de raiz entre propaganda e informação. Começando por aí, teria sido possível expor o sofisma presente naquele modo tão caricato de (não) pensar.

Eu explicava essa distinção a cada oportunidade que tinha. Na maior parte das vezes, expliquei para as paredes. A propaganda, eu dizia, principalmente a ideológica, é aquela que tenta cativar (no sentido de tornar "cativo", "refém") o seu destinatário (ou a sua "vítima"). A propaganda tenta induzir o destinatário a determinado comportamento que o levará a se sujeitar a uma mercadoria, a uma marca, a um governo, a uma igreja ou simplesmente a uma causa. A informação jornalística é completamente diferente disso. Ela pende no sentido oposto, concorre para libertar o sujeito da ascendência doutrinária que o poder exerce sobre ele. Por isso, enquanto a propaganda retira poder do destinatário, a informação jornalística transfere poder ao seu público, que se vê impelido a se valer dela, informação, para pensar e decidir segundo seu próprio juízo.

Fui um pregador dessas ideias, fracassando aqui e ali. Eu admitia: claro que há elementos de propaganda em todo discurso, claro que há ideologia aí, pois não há linguagem sem ideologia. Claro que há, portanto, algo de propaganda dentro de toda informação jornalística. Mas, mesmo com a ideologia (sempre) posta, a informação de qualidade ainda consegue realizar um ótimo trabalho em matéria de emancipação e de liberdade. Não subestimemos esse trabalho: foi ele que criou e fortaleceu a democracia que temos hoje no mundo.

Eu não exagerava, embora, relendo essas linhas agora, elas me soem um tanto grandiloquentes. A democracia, como construção histórica, é produto apenas (isso mesmo, apenas) do debate público mediado pela instituição da imprensa livre. A imprensa livre é uma construção histórica do projeto democrático. A imprensa livre nasce liberal, nasce burguesa, para em seguida se tornar uma conquista universal da humanidade inteira, deixando de ser, portanto, monopólio da burguesia. Mesmo que saibamos — ou principalmente por sabermos — que a linguagem sempre carrega ideologia (a linguagem é a natureza do sujeito e não há produção de sentido sem a cola proporcionada pela ideologia), não há como conceber o processo de construção da democracia sem a mediação que só a instituição da imprensa livre — e livre significa livre do poder, do poder do Estado principalmente — é capaz de prover. É nesse sentido que não devemos subestimar o trabalho de emancipação realizado pela informação de qualidade.

Vale aqui uma nota de esclarecimento sobre o significado dessa expressão, instituição da imprensa. Quando a gente falava dela, imediatamente aparecia alguém para recitar uma lista curta de três jornais diários, uma revista e uma rede nacional de televisão e, em seguida, xingar todos eles. A imprensa brasileira nada mais era do que o somatório de três diários, uma revista e uma televisão (não por acaso, justamente os veículos que os mais empolgados com o adjetivo "republicano" não conseguiam dobrar).

A imprensa livre é uma instituição social, embora não seja *apenas* instituição. É muito mais ampla, mais alta e mais profunda do que o simples somatório de todos os veículos de comunicação. É uma instituição não estatal, que deve ser entendida como o lugar público em que a liberdade de expressão é exercida com o propósito de atender ao direito à informação. O que distingue o jornalismo de outras formas de relato factual tem tudo a ver com isso. O jornalismo, que podemos entender como o discurso pelo qual a imprensa se expressa, tem como marca distintiva não os seus atributos intrínsecos, *mas justamente aquele a quem se dirige*, ou seja, o cidadão, o titular do direito à informação. Dessa instituição não estatal, que podemos definir como a imprensa, fazem parte não apenas os grandes diários ou as redes continentais de TV, mas cada blog, cada pequena emissora, cada iniciativa de comunicação que esteja amparada por esses direitos (liberdade de expressão e direito à informação) e que, pelo simples fato de existir, concorre para expandi-los. Essa é a imprensa que construiu a democracia e que por ela foi construída. Ela é muito maior que o conjunto formado pelos órgãos que a compõem. Fim da nota de esclarecimento.

É claro que esse conceito de imprensa — bem como a distinção tão categórica entre propaganda e informação — soava, como há de soar ainda hoje, idealista. Talvez seja mesmo um pouco idealista. Para o plano de discussão que tínhamos de travar, porém, nos servia perfeitamente.

Até vale a pena insistir um pouco mais. O que diferencia a propaganda do jornalismo (que também pode ser definido como *um método*, o método profissional e independente de processar a informação de interesse público dentro da instituição da imprensa) é que uma constitui um discurso interessado, na feliz expressão de Carlos Knapp (diretor da Radiobrás durante o primeiro governo Lula), enquanto o outro é tanto melhor quanto menos interesse deposite no relato que oferece ao público. Logo, se um governo tem compromisso com o dever de ser transparente no trato da informação de interesse público, não poderá se deixar orientar por interesses partidários. Se ceder ao partidarismo (ou à sua manifestação ainda mais grave, que é o governismo), jamais será transparente.

O partidarismo, o governismo, a chapa-branca, o oficialismo, tudo isso é incompatível com a informação de qualidade na máquina estatal e também com o bom diálogo entre governo e sociedade. O governismo não é transparente, nem pode ser. A transparência (do Estado e do governo) não é governista, nem pode ser.

Voltemos então para a cultura. O mesmo raciocínio que vale para a informação de interesse público vale para ela também. Enquanto a cultura estatizada procura impor identidades de cima para baixo, a gestão cultural empenhada em abrir canais para que os diversos segmentos da sociedade se expressem com narrativas próprias procura remover as barreiras estatais. Uma conduta é oposta à outra. A gestão cultural visceralmente desinteressada proporciona os meios — que, de resto, deveriam ser acessíveis a todos do povo — para que floresçam discursos surpreendentes, tanto que surpreenderão a própria autoridade encarregada da gestão cultural. Já a instrumentalização da cultura, que sempre deixa no ar um quê de totalitarismo (de esquerda ou de direita, tanto faz), com aquela obsessão de angariar obediência, aplausos, amor servil, gratidão humilhante, está mais para um adestramento político das massas do que propriamente para cultura. Essa via autoritária, por sinal, é contra a própria natureza da cultura (a natureza das práticas sociais, dos saberes, os hábitos e a própria evolução da linguagem). Por isso, é certo dizer que as políticas autoritárias acionam uma estranha noção de cultura, uma cultura anticultural.

O ponto final aqui é muito simples: o Estado deve evitar a tentação de conduzir o gosto e a opinião das pessoas, na mesmíssima medida em que as pessoas devem fugir do impulso de recorrer à violência para resolver os impasses cotidianos. Para melhor viver e conviver na democracia, o cidadão precisa se empenhar em renunciar à força bruta, deve recusar-se, por exemplo, a fazer justiça com as próprias mãos. Só assim reconhecerá no Estado aquele que é titular do monopólio da violência. De sua parte, o Estado e o governo, para melhor cultivar e proteger a democracia, devem abdicar do expediente de formatar a opinião pública, pois só assim respeitarão a sociedade como a instância legítima e livre para o curso normal do debate público. Ao Estado (e ao governo) não cabe editar o que os cidadãos pensam, mas apenas garantir o regime de liberdade para que todos se manifestem em condições de igualdade.

22. Que tal um pouco de "jornalismo jornalístico"?

A imprensa aborrece o governo? Sem dúvida, e muito. Aliás, é bom que a imprensa irrite os governantes e que os governantes vivam irritados com a imprensa. Eu me sinto mais seguro num país assim. Quanto a essa matéria, as autoridades têm um duplo dever: assegurar plena liberdade às vozes discordantes, dissidentes e irritantes da imprensa e, ao mesmo tempo, corrigir erros factuais pelos canais regulares de expressão que a democracia reserva ao governo. Quando o recurso de contestar a imprensa vira uma questão de Estado, estamos à beira do descalabro.

Do mesmo modo, é uma insanidade cívica pretender que o Estado dite o gosto estético da sociedade, uma insanidade equivalente àquela outra de pretender que o Estado dite a religião ou o ateísmo do povo. O Estado é laico em matéria religiosa. Pelos mesmos fundamentos, deve saber ser indiferente nos assuntos estéticos e apartidário em todos os temas que compõem o debate público. Tudo muito simples, óbvio — mas muito esquecido quando discutimos comunicação pública no Brasil.

A exemplo das boas bibliotecas públicas, a cultura e a

imprensa guardam uma incompatibilidade natural com rédeas e garrotes. Servem mais para desordenar do que para impor uma ordem ao pensamento. "As informações com frequência agridem, desalojam, desordenam",[1] ensina o professor Luís Milanesi. "Um dado novo torna passado a certeza. O conforto de um conhecimento sem dúvidas, igual à fé, passa a ser incomodado pelo demônio da dúvida." Tanto no jornalismo como na gestão da cultura, vale a máxima — cultivada desde o nascimento da ideia de opinião pública, ainda no Iluminismo — segundo a qual o embate de ideias alimenta e robustece a razão. "Não há discurso, não há produção de verdade sem um jogo de oposições, de isolamento de campos que implica embates e coerções, interdições e exclusões."[2]

Sem liberdade, nada feito — e a noção de liberdade na gestão pública da cultura não admite tergiversações. No âmbito da cultura, ela é o plano que o governo não consegue (e não deveria querer conseguir) governar. No mesmo sentido, costuma-se dizer que democracia é o plano em que a imprensa fiscaliza o governo. Para que isso seja possível, o governo precisa saber se conter, e não embarcar no delírio de querer fiscalizar a imprensa. Governantes são eleitos para gerenciar e administrar a máquina pública, e não para editar a opinião e o gosto dos eleitores.

Os diálogos mais profícuos entre a Radiobrás e o MinC se deram em torno do tema difícil da televisão pública. A Radiobrás colaborou de muito perto, por exemplo, para a realização do Fórum Nacional das TVs Públicas, que teve duas edições, uma em 2006 e outra em 2007. Coube a profissionais da Radiobrás (José Roberto Garcez, Rodrigo Savazoni, Bruno Vichi e eu mesmo) a coordenação de quatro dos oito grupos de trabalho que prepararam o segundo fórum.[3] Em matéria de TV pública, achávamos estranho a Radiobrás ser vinculada ao Palácio do Planalto, e não ao Ministério da Cultura. Ela deveria estar ligada ao Ministério da Cultura. A Radiobrás era uma estatal (órgão da administração indireta) responsável por uma atividade rigorosamente cultural, já que se ocupava primordialmente da radiodifusão, encarregada de operar e administrar emissoras de rádio e de televisão. Nos termos da Constituição Federal, a radiodifusão é um serviço público, que consiste em difundir cultura e informação. Dentro desses marcos, a vinculação da Radiobrás à Secretaria de Comunicação Social (Secom), uma secretaria com status de ministério, diretamente ligada à presidência da República, era despropositada.

As razões são bem simples de explicar. As atribuições legais da Secom incluíam, entre outras obrigações, a gestão da publicidade do governo nos meios de comunicação comerciais. A Secom era, portanto, uma grande anunciante. Era responsabilidade dela, também, a coordenação da assessoria de imprensa da presidência da República, quer dizer, a Secom era um poderoso agente de relações públicas governamentais. Essas duas obrigações convergiam para a missão nuclear da Secretaria, que era a de zelar pela boa imagem da presidência da República. Estando incumbida dessas duas obrigações tão estruturantes de sua própria natureza, a propaganda e a assessoria de imprensa da presidência, a Secom não poderia exercer, ao mesmo tempo, o controle de uma empresa pública de radiodifusão, como era o caso da Radiobrás. Sendo simultaneamente radiodifusora (responsável indireta pela Radiobrás) e propagandista da presidência, a Secom incorria em notório conflito de interesses.

A questão do conflito de interesses não se esgota aí. As emissoras de rádio e televisão são obrigadas a se pautar pelos princípios estabelecidos na Constituição Federal. O artigo 221 diz expressamente que "a produção e a programação das emissoras de rádio e televisão" darão "preferência a finalidades educativas, artísticas, culturais e informativas". A Secom, funcionalmente amarrada aos compromissos de fazer propaganda governamental e de trabalhar para a construção da imagem positiva do governo, estava inteiramente absorvida pelo interesse político próprio do governo, não dispondo do distanciamento necessário para orientar a comunicação desinteressada, artística, educativa, cultural e informativa, como deveria ser a comunicação da informação e da cultura.

Por esse motivo, as democracias mais estáveis e de mais tradição costumam vincular suas emissoras públicas ao Ministério da Cultura, que não é incumbido de ganhar simpatia para o chefe do governo e, consequentemente, corre menos risco de ter funcionários que tentem exercer um controle de opinião nas rádios e televisões sobre as quais tenham ascendência hierárquica, ainda que velada. Não que os ministros da Secom tenham sido especialmente tirânicos ou controladores (até não foram). O embaraço aqui não é pessoal, mas estritamente funcional. Naqueles tempos, o MinC entendia isso muito bem. O resto do governo, não.

Apresentei à Secom, em 2007, já no início do segundo governo Lula, um projeto de lei para a fusão entre a Radiobrás e a TVE do Rio de Janeiro numa única instituição, que seria ligada ao Ministério da Cultura. A Secom faria depois essa fusão, que resultou na EBC (TV Brasil), mas manteve a nova estatal vinculada à própria Secom. Infelizmente.

Em muitos embates, como se vê, levei a pior. Mesmo assim, algo ficou diferente em Brasília. Alguma ideia mudou. Ou continuou mudando numa direção que pode ser favorável à liberdade. Cultura e imprensa têm mais parentescos do que distâncias entre si. Um governo empenhado em radicalizar, aprofundar e consolidar a democracia há de entender que as duas esferas (a da cultura e a da imprensa) não podem florescer sob orientação oficial ou oficialista.

Em lugar de política cultural ou de cultura política, deveríamos pensar de vez em quando em cultura que fosse pura e simplesmente cultural. E em lugar de jornalismo engajado (que está na fronteira do não jornalismo), jornalismo oficial (que nem jornalismo é), ou jornalismo institucional (o que mesmo?), seria bom buscar um "jornalismo jornalístico", independente e desinteressado.

Há quem ainda considere inviável a atividade jornalística financiada por dinheiro público, assim como alguns acreditam que a cultura deveria se sustentar exclusivamente com recursos vindos do mercado. Não é o caso de nos perdermos em pendengas laterais. Basta assinalar que, desde sempre, o jornalismo foi subsidiado de algum jeito, inclusive com recursos públicos. Até hoje, no Brasil, jornais impressos se beneficiam de incentivos fiscais que barateiam o papel, o que significa que há um pouco de dinheiro público financiando a imprensa brasileira. O ponto central, porém, não reside aí. O ponto central decorre de um fato elementar: a imprensa faz funcionar a democracia e atende a direitos essenciais dos cidadãos; é uma atividade que não se limita ao mercado e que, portanto, não se resolve exclusivamente no âmbito do mercado. Do mesmo modo, agora na esfera da cultura, não teríamos mais orquestras, violinistas e repertórios clássicos e eruditos na música se ficássemos esperando que os recursos viessem exclusivamente do mercado. Como negócio, uma sinfônica jamais alcançaria o *break even*. Sem uma forma ou outra de apoio que não é gerado pelas receitas operacionais diretas, cultura e imprensa não teriam vez.

Claro que isso não quer dizer que o caminho é estatizar a cultura e a imprensa. De modo algum. Estatizá-las seria matá-las. Isso apenas quer dizer que sem apoios públicos, apoios que não são necessária e diretamente econômicos, não haveria nem a atividade cultural nem a atividade jornalística. Isto posto, vamos com calma nessa matéria. Uma empresa pública (não estatal e muito menos governamental) pode, sim, fazer jornalismo de qualidade e produzir cultura vital. Como já vimos neste livro, temos isso no

Reino Unido (com a BBC, modelo de excelência jornalística e de usina cultural), nos Estados Unidos (com a PBS e a National Public Radio, cujas emissoras já alcançam nada menos que 35 milhões de ouvintes fiéis, e só fazem aumentar a audiência) e em vários outros países. Também por aí a identidade entre as duas esferas se ilumina.

Talvez por isso eu até hoje ainda goste de me lembrar do ministro Gilberto Gil com seu potinho macrô num churrasco ensolarado na Granja do Torto.

Conclusão

É PRECISO MUDAR A REGRA DO JOGO

Em abril de 2014, a metrópole de São Paulo se deu conta de um cenário até então inconcebível: a possibilidade real de seus moradores, mesmo os mais ricos, sofrerem quebras no fornecimento de água em casa. A estação de chuvas tinha passado e o Sistema Cantareira, um complexo de seis barragens, muitas tubulações, dutos e mais máquinas de bombeamento, estava em vias de secar. Responsável pelo abastecimento de mais de 8 milhões de habitantes da capital paulista, a represa da Cantareira expunha ao sol as rachaduras desertificadas de seu fundo exaurido, em fotografias que bombaram nos jornais.

As autoridades do governo paulista e os dirigentes da Sabesp — a estatal encarregada de administrar o Sistema Cantareira — cogitavam soluções entre quatro paredes. Entre uma reunião e outra, davam entrevistas às vezes otimistas em excesso, outras vezes evasivas demais. Surgiram teorias polêmicas, como a que pretendia "importar" correntezas de bacias do estado do Rio de

Janeiro para as torneiras paulistas. O nervosismo se instalou na Terra da Garoa.

À medida que abril escorria a seco, o debate ganhou as manchetes. Opiniões disparatadas disputavam espaço com falas sensatas; análises abiloladas se batiam contra ponderações bem fundamentadas. Ninguém parecia estar de acordo com ninguém. Contudo, a todos os contendores, independentemente da posição de cada um, parecia indiscutível que os paulistanos deveriam ser informados e orientados sobre a melhor maneira de economizar água. Tratava-se de uma dessas raríssimas situações em que, na falta de outros canais eficientes, é justificável o uso de recursos públicos para comunicar ao cidadão um quadro grave e emergencial. Ninguém desaprovaria uma campanha massiva de esclarecimento que fosse didática e verdadeira. As pessoas tinham o direito de saber o que aconteceria com a água que lhes mataria a sede. Tinham direito a respostas. Por que a crise era tão séria? O que cada um poderia fazer para atenuar ou postergar o colapso?

Embora a Sabesp, àquela altura, já tivesse começado a falar publicamente do assunto, seus comunicados ainda recalcitravam. A razão da timidez não era mistério para ninguém: era de fundo eleitoral. No segundo semestre daquele mesmo ano, 2014, o povo iria às urnas para escolher novos mandatários, e o governador Geraldo Alckmin disputaria mais um mandato. O momento era crítico. Se não fosse habilidosa na propaganda, a Sabesp poderia gerar um quadro tenebroso e tirar votos de Alckmin. Sendo dono de 50,3% do capital da Sabesp, o governo paulista corria o risco de ser responsabilizado pela crise. Era um drama complexo: a empresa tinha que falar da escassez e, ao mesmo tempo, precisava dar um jeito de manter em alta a sua própria imagem e a popularidade do governador. Como dar conta do desafio?

A primeira medida de comunicação das autoridades paulistas, ainda no período de zelos eleitoreiros, tinha sido lançar uma campanha de descontos na conta de água para quem reduzisse o consumo. Desse modo, davam a notícia ruim (algo como "atenção, a represa está secando"), mas a compensavam imediatamente com uma notícia boa ("graças a isso a sua conta pode diminuir no final do mês, isso não vai ser ótimo?"). Do ponto de vista do marketing político, o enunciado parecia esperto. Porém, à medida que o nível da Cantareira deu sinais de que ficaria abaixo dos 10%, isso já no finalzinho de abril, a comunicação oficial se viu impelida a abandonar as falas mais pacatas. Não tinha escapatória. Deveria ir a público e tratar abertamente do problema, sem meias palavras.

Então, a empresa de águas entrou com tudo na TV. Com um anúncio de sessenta segundos, repetido à exaustão no horário nobre dos canais abertos de maior audiência, assumiu o tom de urgência que as circunstâncias exigiam. Mas não exatamente para orientar os contribuintes a economizar, não para expor a gravidade do quadro. O que entrou no ar foi uma mensagem que encenava confiança, num tom de exaltação, quase de euforia.

Fotografado da cintura para cima, um garoto-propaganda conhecido de boa parte dos telespectadores, com um ar jovial, mas não muito (aparentava certa maturidade responsável), trajando camisa social azul como a água, desabotoada no colarinho e de mangas arregaçadas — é lógico —, fazia uma expressão enérgica e decidida para recitar um discurso autoindulgente, autoelogioso, conclamando a todos para se unirem à Sabesp rumo a um final feliz. Para que não pairem imprecisões, esse discurso precisa ser transcrito aqui, na íntegra:

> A Sabesp sempre fez muito para garantir a qualidade e o abastecimento da água que você recebe. Com muito investimento e planejamento, ampliou a represa de Taiaçupeba em 2011, entregou mais de 175 quilômetros de tubulações nos últimos dez anos e muitos reservatórios em todos os cantos da cidade. Mas, mesmo assim,

fenômenos inesperados da natureza acontecem em todos os lugares. Nessas horas, somente empresas como a Sabesp apresentam soluções sérias e verdadeiras. Vivemos a maior seca da história, e a Sabesp agiu rápido. Trouxe água do Guarapiranga e Alto Tietê para abastecer a Cantareira. Lançou bônus para diminuir o consumo de água. E as ações não param. Mais de 70% da população já está economizando. Com o esforço de muitos, já fizemos bastante. Com o esforço de todos, vamos fazer muito mais.

Ao final, enquanto o garoto-propaganda parecia exultar, ainda que de modo contido, entrava a voz de um locutor, em off, com o bordão publicitário final: "Água: sabendo usar não vai faltar."

A PROPAGANDA NARCÍSICA É A LEI

Isso mesmo, você leu direitinho. Enquanto as condições de abastecimento pioravam copiosamente, em desabrida evaporação, a Sabesp foi aos meios de comunicação de massa para falar bem de si mesma, com proclamações como essas que acabamos de ler: "somente empresas como a Sabesp apresentam soluções sérias e verdadeiras" ou "a Sabesp agiu rápido". Enquanto o moço discursava, apareciam no fundo da tela dicas escritas (em letras pequenas e rápidas) com alguns comandos como "não lave os carros e calçadas com mangueira". De passagem. De relance. A verdade é que aquele era um comercial não para combater a seca que batia à porta da maior cidade do país. Era, sim, um comercial para estancar a vazão da boa imagem da Sabesp e do governo estadual. A mensagem, despudoradamente, convidava o público a dar graças a Deus pela existência da Sabesp. A moral da história poderia ser mais ou menos a seguinte: "Você pode até ficar sem água, mas não poderia viver sem a Sabesp".

O slogan "Sabendo usar, não vai faltar", que já era martelado havia anos pela empresa, foi transubstanciado em um mote não declarado, mas óbvio: "Sabendo usar (a propaganda), não vai faltar (o voto)". Até mesmo a estiagem e a falência do abastecimento viraram água no moinho da campanha eleitoral feita com dinheiro público (ou, como no caso do capital da Sabesp, 50,3% público).

Para quem esperava uma virada no padrão geral da comunicação pública no estado de São Paulo, foi uma decepção completa. Sem trocadilho, um balde de água fria. Mais uma vez, o erário não serviu para dar transparência à gestão da coisa pública. A publicidade da Sabesp não deu nenhuma ênfase ao sucateamento das adutoras e do encanamento sob as ruas e calçadas, cujas condições precárias acarretavam perdas de 35,6% da água antes que ela chegasse às empresas e aos lares.[1] Não prestou contas das obrigações que não pôde cumprir direito, ainda que involuntariamente. Não listou providências futuras, não expôs a necessidade de reforma ou restauração do sistema. Principalmente, não tocou nas questões orçamentárias, vultosas. Com sua autossuficiência narcísica, a Sabesp apenas se derramava em loas a si mesma. Tudo isso com ares de boazinha, tão maternal que dava descontos aos clientes.

O pronunciamento ufanista procurou demonstrar que a Sabesp era uma pororoca de maravilhas e que a culpa dos imprevistos era toda da natureza. Basta ver que, na lógica do texto lido pelo apresentador, os tais "fenômenos inesperados da natureza", que "acontecem em todos os lugares", apareciam cuidadosamente precedidos de uma conjunção adversativa: "mas". Não apenas "mas": "mas, mesmo assim". O garoto-propaganda assegurava que "a Sabesp sempre fez muito para garantir a qualidade e o abastecimento da água que você recebe", que ela construiu quilômetros e mais quilômetros de tubulações etc. etc., e depois emendava:

"Mas, mesmo assim, fenômenos inesperados da natureza acontecem em todos os lugares". É como se dissesse: "Apesar de todo o esforço da Sabesp, a natureza, insensível, ingrata, veio e aprontou uma dessas com a gente". Se fosse justa, se fosse coerente, jamais poderia ter feito isso com a Sabesp, que tanto fez "para garantir a água que você recebe". A retórica se armou de tal maneira que as chuvas ganham o significado de efeito natural do abnegado trabalho da estatal paulista. E não foram. A estiagem ganha status de vilania atroz.

Mais ou menos como o arquiteto que, ao ser avisado da goteira na casa que projetou, põe toda a culpa nas precipitações pluviométricas, a Sabesp foi a público para anunciar que são Pedro não colaborou. Só faltou dizer que o santo era da oposição.

DESDE 1808

O cidadão talvez tenha se perguntado: o que se pode fazer contra isso? A resposta não é das mais animadoras. Além de reclamar, pouco se pode fazer. Com a legislação ordinária que trata da comunicação pública, a Sabesp não tem como ser questionada. Jamais poderá ser responsabilizada por promover a si mesma, quando deveria ter exposto claramente a magnitude da escassez, suas causas — que não são os humores de são Pedro —, suas soluções e o custo dessas soluções. A Sabesp não infringiu a lei infraconstitucional. Aos olhos dos marcos legais em vigor, não fez nada de errado.

Nem mesmo os costumes ela desobedeceu. Comportou-se de acordo com o hábito nacional mais arraigado que existe na nossa cultura política. Agiu exatamente como agem todas as autoridades brasileiras, sem exceção, quando se trata de contar vantagem ao povo e depois mandar a conta para os cofres públicos. Fez propaganda ideológica, eleitoreira, pois é assim que funciona o jogo.

Esse hábito vem de longe, como vimos nas páginas deste livro. Vem dos anos 1930, quando foi criado o programa de rádio *A Voz do Brasil*. Aliás, vem de antes. Vem, talvez, de setembro de 1808, quando, por ordens expressas da família real que acabara de chegar, deu-se o lançamento do jornal *A Gazeta do Rio de Janeiro* (que depois viraria o *Diário Oficial da União*, que aí está, até hoje). Nestas terras, o poder político age como se fosse o dono, primeiro da imprensa e depois da comunicação social, desde sempre. O hábito da autopromoção da autoridade está em toda parte, em cada ruazinha do Brasil.

Você já reparou na quantidade de placas com nomes de ministros, secretários, governadores, presidentes, diretores e demais burocratas que recobrem as paredes de prédios públicos e as pilastras das pontes e dos viadutos? Já observou o tamanho dos monumentos com letras colossais com os nomes de políticos no acostamento das rodovias mais presunçosas? Os governantes "autografam" qualquer cômodo que mandam reformar, e não se envergonham disso. Como um adolescente indisciplinado que, de posse de um canivete, inscreve o apelido em baixo-relevo num banco de madeira na praça da matriz, os ocupantes de cargos públicos rabiscam seus nomes e sobrenomes em todo lugar. Não percebem que fazer placa oficial com o próprio nome é uma forma legalizada de pichar o espaço público.

O costume ancestral de fazer propaganda dos poderosos (e dos seus subalternos, dos seus áulicos, epígonos e bajuladores) está mais arraigado, muito mais, do que normalmente supomos. Não, a Sabesp não é uma exceção a essa regra secular. É apenas mais uma praticante da velha mania dos chefes, dos coronéis, dos mandachuvas.

Tem sido assim em todas as partes, em todos os períodos. Em

Minas Gerais, por exemplo, uma pendenga sobre a propaganda do governo estadual foi bater nas barras do Tribunal Regional Eleitoral, segundo reportou o jornal *O Globo*.² O caso mais rumoroso foi o da Cemig, estatal de energia, acusada pela oposição ao governo tucano em Minas de ter falseado informações e, mais ainda, de ter usado a publicidade da empresa para fazer proselitismo eleitoreiro. Em suas mensagens, a Cemig pôs a culpa pelo reajuste das tarifas no governo federal. Se em São Paulo, o vilão é são Pedro, em Minas Gerais parece que tem sido Dilma Rousseff.

Não pense que estamos falando de uns poucos trocados. Entre 2003 e 2014, o Poder Executivo mineiro esteve sob o comando de Aécio Neves e, a partir de 2010, de Antonio Anastasia, ambos do PSDB. Conforme apurou a reportagem de *O Globo*, o governo dos tucanos torrou, nos dez anos finais desse período, 166 milhões de reais por ano em publicidade institucional. Ou seja: muda o estado, muda o culpado, mudam os garotos-propaganda, mudam os partidos, mudam os políticos, mas o viés eleitoreiro é imutável. Está em todos os lugares do Brasil, sempre igual.

Mudar esse estado de coisas (o estado de Narciso) não seria mau — mas é virtualmente impossível. A alteração só poderia vir de uma reforma (ou mais de uma) na legislação. Acontece que essa matéria estaria a cargo do Congresso Nacional, onde quem toma as decisões são justamente os que se beneficiam da prática tão antirrepublicana quanto desinibida. Como dizem os mais jovens, não vai rolar.

Instalou-se em nosso país um ecossistema vigoroso, pujante, que não quer saber de se mudar. A simbiose perfeita entre o dinheiro público e o orçamento dos meios de comunicação vai fortalecendo, a cada ano, uma sinergia promíscua e musculosa. Um número crescente de veículos médios — entre emissoras, sites, blogueiros espevitados e publicações impressas — não consegue mais fechar o mês sem o auxílio dos anúncios públicos. Claro que eles perdem independência editorial, mas não se incomodam. Entre a independência e a receita que pinga do erário, ficam com a segunda alternativa.

Os governantes que às vezes esbravejam contra os jornais jamais reclamam da simbiose. Em certas ocasiões, a campanha de uma estatal ajuda a comprar a simpatia — ou mesmo o silêncio — dos órgãos de imprensa mais vulneráveis (ou menos briosos). Os partidos políticos adoram. Para eles, é o paraíso. Também por isso é pouco provável que os deputados federais e os senadores queiram mexer na regra do jogo, assim como é improvável que os jornais e as emissoras do Brasil inteiro saiam em campanha contra a publicidade oficial. Está bom para ambas as partes. Bom demais. Só está ruim para a sociedade, para a opinião pública, para o cidadão e para a normalidade democrática.

Bem adaptados ao ecossistema, os jornais e as revistas, com poucas exceções, ficam na deles. As emissoras comerciais também. Estas, de vez em quando, até reclamam de outra ferramenta de autopromoção das autoridades, a obrigatoriedade de transmissão do programa *A Voz do Brasil*, mas não levam a causa longe demais. Não querem fustigar de muito perto a classe política (que, em sua maioria folgada, simplesmente ama a obrigatoriedade) para não atrapalhar a simbiose.

A convivência pacífica entre os meios de comunicação e os políticos serviu ainda para forjar o pacto silencioso que garante a sobrevida das emissoras públicas subservientes, que não saem do papel de prestadoras de serviço de relações públicas expandidas aos partidos que dão as cartas nos estados ou no Palácio do Planalto. Quase todas essas emissoras atuam como palanques de baixa audiência (exceções existem, mas são raras e, entre elas, pouquíssimas não são efêmeras). Do jeito que estão hoje, as emissoras públicas são toleradas pelas emissoras comerciais porque não incomodam em nada. Praticando um jornalismo subalterno e um entretenimento de segunda, não fazem nenhuma diferença para o status quo do mercado.

Mudar isso? Como? E a que custo? Os políticos bem-intencionados olham um para o outro e perguntam: "Por que mexer?". Se as agendas urgentes são tantas, eles avaliam, por que futucar mais essa caixa de abelhas? Quanto aos políticos mais cínicos, menos amigos de boas intenções, estes, presentemente, gostam de posar de esquerdistas e invocam a maior balela de todas para justificar o Estado de Narciso. Cada vez mais numerosos e ruidosos, acusam a imprensa brasileira de ser um "partido de oposição". Batem a mão no tampo da mesa e reclamam da "mídia monopolizada". Em nome dessas "distorções", argumentam que a única solução é a propaganda oficial — para que o governo tenha o "direito" de defender a sua "visão", ou mesmo a sua "versão" dos fatos. Para eles, a propaganda do governo deve concorrer com a imprensa, de igual para igual. Para eles, nada mais natural do que usar o dinheiro de todos de forma a enaltecer a opinião de alguns poucos, os inquilinos dos palácios oficiais. A verba pública incinerada na promoção do poder seria, enfim, um "direito de defesa" dos governos contra a "mídia oposicionista".

Haja cinismo. Os que mais reclamam não fazem nada para mudar o marco regulatório dos meios de comunicação no Brasil. Quando se trata de adotar uma regra geral que impeça o monopólio, o oligopólio, que proíba as igrejas de se tornarem proprietárias de estações e mesmo de redes de televisão e de rádio, quando se trata de combater a promiscuidade entre cardeais do Congresso Nacional e as redes regionais de televisão, eles são solícitos, escorregadios, omissos.[3] Só falam de regulação do mercado de radiodifusão quando querem deixar no ar a ameaça de que os veículos que são "um partido de oposição" deveriam ser censurados por meio de subterfúgios e intimidações. Os cínicos, na verdade, são a favor da censura. Não são a favor de marcos modernos e democráticos, que contribuiriam para elevar o teor das críticas ao poder, elevariam o patamar de liberdade e ampliariam o espaço para as reportagens investigativas sobre desvios e desmandos como a corrupção. Eles não querem nada disso. Querem o oposto disso. É por esse motivo que adoram se refestelar no ecossistema da promiscuidade. Para eles, a melhor vacina contra as críticas que a imprensa tem o dever de publicar é o caixa sem fundo do erário financiando o proselitismo governista. Não, eles não querem mexer no que aí está. Querem que as emissoras públicas sejam ainda mais submissas e que o dinheiro da publicidade oficial seja ainda mais irrestrito.

Aos poucos — e improváveis — interessados em mudar a regra do jogo, este livro deixa a sugestão de apenas apenas seis medidas, em torno das quais seria possível pensar a elaboração de projetos de lei com o objetivo de sepultar o patrimonialismo que usurpa a comunicação pública no Brasil — e de emancipar a nossa democracia de uma herança, esta sim, maldita, que nos vem, pelo menos, desde 1808. São elas:

1. *Eliminar os gastos da publicidade oficial dos governos.* A administração direta não deveria ser anunciante, não deveria comprar espaços publicitários, não deveria ser um agente desse mercado. Um limite poderia ser previsto, dentro de uma porcentagem do orçamento público da respectiva unidade federativa, para casos de extrema, urgente e notória necessidade, em que não houvesse outra maneira de alertar, avisar ou orientar os cidadãos acerca de fatos que requeiram informação. Aí, caberia ao Poder Judiciário examinar as contestações, *a posteriori*, sobre o uso indevido dessa comunicação, estabelecendo as sanções que deveriam ser previstas em lei.

2. *Impedir a administração direta de veicular qualquer mensagem alusiva a causas, com palavras de ordem governistas, e*

barrar a veiculação de slogans e logotipos que identifiquem a gestão. A única marca do governo admitida seria impessoal, permanente, sem nada que diferenciasse uma gestão da outra. A comunicação de cunho ideológico em prol do governo deveria ficar contida aos programas dos partidos políticos. Esses programas são fartamente exibidos na televisão e no rádio e para eles não tem faltado espaço no Brasil, tanto no período eleitoral quanto fora dele.

3. Retirar dos veículos comerciais a chamada publicidade legal dos órgãos públicos (aquela que precisa ser divulgada por força de lei, como editais e balanços). Esta passaria a ser veiculada exclusivamente em sites oficiais que serão criados especialmente para este fim. Vale observar que essa medida traria uma economia da ordem de quase 100%. O alcance da publicação seria incomparavelmente superior.

4. Dotar todas as empresas públicas e fundações encarregadas de comunicação social, que tenham vínculos diretos ou indiretos com os Poderes de República, bem como todas as emissoras públicas sustentadas pelo Estado, as publicações e sites informativos de órgãos públicos, de conselhos independentes que seriam incumbidos de escolher (e demitir) os dirigentes executivos. A maioria dos integrantes desses conselhos não poderia ter ligação direta ou indireta com o poder a que estivessem vinculadas as emissoras, publicações ou sites. Isso contribuiria para que o órgão de comunicação deixasse de operar como uma correia de transmissão dos interesses propagandísticos desse poder no interior da sociedade e passasse a funcionar mais no sentido inverso, como uma janela a serviço dos olhos da sociedade dentro daquele poder.

5. *Extinguir a publicidade comercial nas emissoras públicas.* Estas poderiam apenas exibir apoios institucionais de entes privados, dentro de limites estritos. Em contrapartida, o orçamento das emissoras públicas não poderia sofrer contingenciamentos arbitrários por parte do governo, das mesas diretoras de casas legislativas (para o caso das emissoras legislativas) e do Poder Judiciário, que também tem suas emissoras.

6. *Acabar de uma vez por todas, e incondicionalmente, com a obrigatoriedade do programa* A Voz do Brasil, *símbolo ancestral da partidarização governista da comunicação pública.*

Embora improváveis, dado o equilíbrio de forças reinante, no Congresso Nacional, esses princípios nunca foram tão necessários. Que força poderia levá-los adiante? Da inércia dos políticos, como fica reiteradamente demonstrado, nada se pode esperar. Dos inumeráveis órgãos de imprensa que se deixaram viciar em dinheiro público disfarçado de anunciante, também não virá iniciativa alguma. Dos governantes, muito menos.

No Brasil, o Estado de Narciso se converteu no principal fator de manutenção e de reprodução do poder. Com práticas patrimonialistas e enunciados narcísicos, a volumes e escalas cada vez mais acachapantes, o Estado de Narciso sabota o princípio da alternância no poder e perpetua a força dos que já exercem o mando.

Do Estado tal como ele se encontra hoje, nada se pode aguardar. A única esperança de reverter o quadro repousa na sociedade, na consciência da cidadania. Os cidadãos, na condição de contribuintes, pagam as contas. Na condição de eleitores, elegem os beneficiários dessa usurpação reiterada e consistente da comunicação pública. Se os cidadãos não derem o grito de basta, ninguém mais fará isso por eles.

Notas

PARTE 1
1. CONTRA A PERMISSIVIDADE SEMÂNTICA [PP. 38-48]

1. Juan Camilo Jaramillo López. "Proposta geral de comunicação pública", em Jorge Duarte, org., *Comunicação pública: Estado, mercado, sociedade e interesse público*. 3. ed. São Paulo: Atlas, 2012, p. 246. Ver também Juan Camilo Jaramillo López. "Propuesta general de comunicación pública". *Strategy & Management Business Review*, v. 3, n. 2, 2012, pp. 1-17. ISSN: 0718-8714. Disponível em: <http://www.exeedu.com/publishing.cl/strategy_manag_bus_rev/2012/Vol3/Nro2/1--SM17-11-full.pdf>
2. Ibid., p. 255.

2. CONTRA INTERESSES PESSOAIS OU CORPORATIVOS [PP. 49-62]

1. Pierre Zémor, *Como anda a comunicação pública?* Revista do Serviço Público (RSP), Brasília: ENAP, v. 60, n. 2, abr./jun. 2009, p.189. Ver também Pierre Zémor. *As formas da comunicação pública*. In: Jorge Duarte, org., *Comunicação pública: Estado, mercado, sociedade e interesse público*. 3. ed. São Paulo: Atlas, 2012.

2. Jorge Duarte, "Instrumentos de comunicação pública", em Jorge Duarte,

org., *Comunicação pública: Estado, mercado, sociedade e interesse público*. 3. ed. São Paulo: Atlas, 2012, p. 59.

3. Ibid., p. 61.

4. Ibid.

5. Ibid.

6. Ibid., p. 64.

7. Wilson da Costa Bueno, "Comunicação, iniciativa privada e interesse público", em Jorge Duarte, org., *Comunicação pública: Estado, mercado, sociedade e interesse público*. 3. ed. São Paulo: Atlas, 2012, p. 136.

8. Ibid., p. 136.

9. Para alguns, a "comunicação de interesse público" não se confunde necessariamente com a "comunicação pública". No seu texto já citado, Bueno, por exemplo, lança mão de outro estudioso, o publicitário João Roberto Vieira da Costa, que "distingue também esta modalidade de comunicação [*a "de interesse público"*] da comunicação pública, da comunicação institucional, da comunicação mercadológica e da comunicação político-eleitoral" (Ibid., p. 137). Segundo Vieira da Costa, a comunicação de interesse público teria "como objetivo primordial levar uma informação à população que traga resultados concretos para se viver e entender melhor o mundo", de tal maneira que, nessa modalidade ultraespecífica de comunicação, "os beneficiários diretos e primordiais da ação sempre serão a sociedade e o cidadão".

10. A pesquisa de Marina Koçouski deu origem à dissertação de mestrado *A comunicação pública face ao dever estatal de informar. Para não dizer que não falei de flores: estudo de caso do Incra-SP*, aprovada em 2012 na Escola de Comunicações e Artes da Universidade de São Paulo (ECA-USP), sob orientação do autor deste livro.

11. Ibid., p. 92.

12. Ibid., p. 63.

13. Mariângela Furlan Haswani, *Comunicação pública: bases e abrangências*. São Paulo: Saraiva, 2013, p. 138. Entre outros estudiosos que defendem o objetivo de promoção da imagem e das ações de órgãos estatais ou governamentais na comunicação pública, a autora cita Giovanna Gadotti e Franca Facioli.

14. "La communication institutionnelle ne peut être appropriée par une signature trop personalisée ou trop politisée." Citado por Marina Koçouski, p. 64.

15. "De la même manière, l'image ou le symbole graphique qu'est le 'logo' d'une institution publique ne peuvent être trop attachés à une personalité ou à une equipe politique données." Citado por Marina Koçouski, p. 64.

16. Ver também Pierre Zémor. "As formas da comunicação pública", em

Jorge Duarte, org., *Comunicação pública: Estado, mercado, sociedade e interesse público*. 3. ed. São Paulo: Atlas, 2012, p. 233.

17. Heloiza Matos, "Comunicação pública, esfera pública e capital social", em Jorge Duarte, org., *Comunicação pública: Estado, mercado, sociedade e interesse público*. 3. ed. São Paulo: Atlas, 2012, p. 54.

18. Marina Koçouski, *A comunicação pública face ao dever estatal de informar. Para não dizer que não falei de flores: estudo de caso do Incra-SP*, dissertação de mestrado aprovada em 2012 na Escola de Comunicações e Artes da Universidade de São Paulo (ECA-USP), p. 75.

19. Ibid., p. 76.

20. Ibid.

PARTE 2

4. AS PÚBLICAS, AS ESTATAIS E O QUE AS SEPARA [PP. 73-83]

1. "Furo de reportagem: o papel da mídia estatal", em *Journal of Democracy* (em português), v. 3, n. 1, maio de 2014, iFHC. Publicado originalmente como "Breaking the News: The Role of State-Run Media", *Journal of Democracy*, v. 25, n. 1, jan. 2014. © 2014 National Endowment for Democracy and The Johns Hopkins University Press.

2. Nessa passagem, os dois autores fazem referência a Brady, Anne-Marie. *Marketing Dictatorship: Propaganda and Thought Work in Contemporary China*. Lanham, MD (EUA): Rowman and Littlefield, 2010, p. 184.

3. O trecho a seguir, com a definição do que são emissoras públicas, comerciais ou estatais, baseia-se no livro *Indicadores de qualidade nas emissoras públicas — uma avaliação contemporânea*, Unesco, 2012, de autoria de Eugênio Bucci, Marco Chiaretti e Ana Maria Fiorini. A íntegra do texto está disponível em: <http://unesdoc.unesco.org/images/0021/002166/216616por.pdf>.

4. É bom lembrar aqui que a designação "emissora pública" tem sido adotada em toda parte, mas há pequenas variantes. A Ley de Medios da Argentina (Lei nº 26.522, de 10 de outubro de 2009), por exemplo, fala em "emissoras privadas sem fins de lucro" para se referir a emissoras públicas. Nesse caso, é claro, o termo privada significa "não estatal", mas não significa "comercial".

5. Toby Mendel, *Public Service Broadcasting: a comparative legal survey*, Kuala Lumpur: Unesco/Asia-Pacific Institute for Broadcasting Development, 2000. Uma nova edição foi lançada em 2011, cuja tradução, *Serviço público de radiodifusão: um estudo de direito comparado*, está disponível para download no site da Unesco: <http://www.unesco.org/new/en/communication-and-information/resources/

publications-and-communication-materials/publications/full-list/public-service-
-broadcasting-a-comparative-legal-survey/> Acesso em: 4 abr. 2014.

6. Eric Barendt *apud* Toby Mendel, *Public Service Broadcasting: a comparative legal survey*, cit., pp. 6-8.

7. O termo colonização, recorrente na obra de Jürgen Habermas, tem proximidade com o vocabulário que se tornou usual na literatura da social-
-democracia europeia. Indica a captura (palavra comum no vocabulário liberal americano) da agenda pública por interesses privilegiados, mais endinheirados ou mais poderosos que os demais, mas isso a tal ponto que a própria dinâmica da esfera pública se vê estruturalmente alterada, de modo irreversível, como se ela aderisse, sem defesas, às prioridades da classe dominante.

5. EXEMPLOS E CONTRAEXEMPLOS PELO MUNDO [PP. 84-93]

1. Em 6 de abril de 2012, o *Correio da Manhã* de Lisboa, publicou: "RTP paga 31 salários acima do presidente da República". Disponível em: <http://www.cmjornal.xl.pt/detalhe/noticias/exclusivo-cm/rtp-paga-31-salarios-acima-do-
-presidente>. Acesso em: 9 abr. 2014.

2. A Radio Televisión Española (RTVE) alcançou, ao final de 2005, uma dívida de 7,5 bilhões de euros. Disponível em: <http://www.libertaddigital.com/economia/la-deuda-de-rtve-supera-los-7500-millones-de-euros-al-cierre-del-
-ejercicio-de-20051276272097/>. Em setembro de 2006, a dívida chegou a 7,8 bilhões de euros e foi noticiado que o Tesouro público assumiria o débito. Disponível em: < http://terranoticias.terra.es/articulo/html/av21111055.htm>.

3. Disponível em: <http://portalimprensa.com.br/portal/ultimas_noticias/2009/05/08/imprensa27960.shtml>. Acesso em: 9 abr. 2014.

4. A notícia "RTVE com resultados negativos de 113,3 milhões de euros", assinada por Carla Bernardino, em 30 março 2014, está disponível em: <http://www.dn.pt/inicio/tv/interior.aspx?content_id=3785641>. Acesso em: 9 abr. 2014. A crise é antiga: a RTVE alcançou, ao final de 2005, uma dívida de 7,5 bilhões de euros. Disponível em: <http://www.libertaddigital.com/economia/la-deuda-de-rtve-supera-los-7500-millones-de-euros-al-
-cierre-del-ejercicio-de-2005-1276272097/>. Em setembro de 2006, a dívida chegou a 7,8 bilhões de euros e foi noticiado que o Tesouro público assumiria o débito. Disponível em: <http://terranoticias.terra.es/ articulo/html/av21111055.htm>.

5. Rodney Benson e Matthew Powers, *Public Media and Political Independence: Lessons for the Future of Journalism from Around the World*. New York

University, Department of Media, Culture and Administration. FreePress. 2011. p. 31. Disponível em: <http://www.freepress.net/sites/default/files/stn-legacy/public-media-and-political-independence.pdf>.

6. Diego Portales Cifuentes, "Televisión pública en América Latina: crisis y oportunidades", em Omar Rincón, org., *Televisión pública: del consumidor al ciudadano*, Bogotá: Convenio Andrés Belo, 2001, p. 134.

7. Ibid., p. 111.

8. Ibid., p. 134.

9. Esses dados são detalhados em Rodney Benson e Matthew Powers, *Public Media and Political Independence: Lessons for the Future of Journalism from Around the World*.

10. Stylianos Papathanassopoulos, *apud* Rodney Benson e Matthew Powers, em *Public Media and Political Independence: Lessons for the Future of Journalism from Around the World*. Nova York: New York University, cit., p. 12.

11. Há vários registros desse crescimento. Entre eles, ver Leonard Downie Jr., e Michael Schudson. "The reconstruction of American Journalism", relatório publicado no site da Columbia Journalism Review (CJR) em 19 de outubro de 2009. Disponível em: <http://www.cjr.org/reconstruction/the_reconstruction_of_american.php?page=all>. Acesso em: 10 abr. 2014.

12. O marco normativo aplicável a TVN está disponível em: <http://www.tvn.cl/corporativo/marconormativo.html>. Acesso em: 10 abr. 2014. O impedimento consta do artigo 25 da lei 19.132.

6. REGULAÇÃO E SOCIEDADE DEMOCRÁTICA [PP. 94-100]

1. A declaração de objetivos da FCC para 2009-14 está disponível em: <https://apps.fcc.gov/edocs_public/attachmatch/DOC-285705A1.pdf>.

2. O quadro caótico do marco regulatório brasileiro (ou da ausência dele) foi detalhadamente apresentado pelo autor deste livro em "A agenda certa (numa hora estranha e num lugar descolado)", na revista *Interesse Nacional*, v. 12, pp. 9-15, 2010.

7. O CASO DA TV CULTURA [PP. 101-11]

1. Em uma pesquisa do Instituto Populus, "International Perceptions of TV Quality", realizada em setembro e outubro de 2013, por encomenda da BBC, a TV Cultura ganhou medalha de prata na disputa entre as 66 principais redes de

televisão de catorze países, ficando atrás apenas da própria BBC One. A pesquisa reflete em grande parte o vínculo afetivo que os telespectadores mantêm com a emissora.

2. O estatuto da Fundação Padre Anchieta está disponível em: <http://www2.tvcultura.com.br/fpa/institucional/estatuto-fpa.pdf>.

3. "Taxonomia dos ratos", *Folha de S.Paulo*, p. A3.

4. A série *Pedro & Bianca*, dirigida por Cao Hamburguer, produzida durante a sua gestão, ganhou o International Emmy Kids Awards de melhor série de 2013. O prêmio foi entregue em Nova York em 10 de fevereiro de 2014. Além disso, a TV Cultura revigorou seu jornalismo e voltou a veicular debates entre candidatos a prefeito, no ano 2012, depois de um jejum de dezesseis anos.

5. No artigo "O governo paulista é contra a TV Cultura?", publicado no jornal *O Estado de S. Paulo*, 11 ago. 2011, p. A2, escrito pelo autor deste livro, o assunto foi abordado em primeira mão.

6. O texto "TV pública?" é a chamada de capa da Ilustrada (p. E1), já o restante da matéria está na p. E3, com o título "Cultura busca verba privada e terceiriza produção".

7. Disponível em: <http://midia.cmais.com.br/assets/file/original/6a87b-c89def024951e041ad0726c8760b242497b.pdf >. Acesso em: 7 abr. 2014.

8. O CASO DA TV BRASIL [PP. 112-7]

1. Disponível em: <http://www.ebc.com.br/noticias/brasil/2013/07/ebc--apresenta-plano-estrategico-ao-conselho-de-comunicacao-social-do>. Acesso em: 14 abr. 2014.

2. Edição da Unesco, já citada neste livro.

3. As declarações do diretor-presidente da EBC, Nelson Breve, assim como todo o debate de lançamento dos *Indicadores de qualidade nas emissoras públicas — uma avaliação contemporânea* estão disponíveis em: <http://memoria.ebc.com.br/portal/content/assista-ao-v%C3%ADdeo-di%C3%A1logos-ebc--debate-sobre-import%C3%A2ncia-dos-indicadores-de-qualidade-nas-emis>. Acesso em: 10 abr. 2014.

4. Para dar uma ideia desse universo, lembremos que um levantamento realizado em 2006 pelo Ministério da Cultura, por ocasião do I Fórum Nacional de TVs Públicas, a Associação Brasileira de Emissoras Públicas, Educativas e Culturais (Abepec) apontou a existência de dezenove estações geradoras, entre elas a TV Cultura de São Paulo, a TVE do Rio Grande do Sul, a TVE do Rio de Janeiro e a Rede Minas. Ao todo, essas estações se multiplicavam em 2880 retransmissoras.

Atualmente, a Abepec contabiliza dezesseis filiados (segundo consulta ao site em 8 de abril de 2014). Há ainda 41 canais universitários associados à Associação Brasileira de TVs Universitárias (ABTU). Disponível em: <http://www.abtu.org.br>. Acesso em: 8 abr. 2014. As TVs legislativas são também numerosas: duas no âmbito federal (TV Câmara e TV Senado), que contam com sinais abertos em algumas localidades, mas são vistas em geral nos serviços de TV por assinatura, e mais 24 no âmbito estadual e 26 na esfera municipal, ligadas à Associação Brasileira TVs e Rádios Legislativas (Astral). Disponível em: < http://www.astralbrasil.org/associados.asp>. Acesso em: 8 abr. 2014. Tanto essas como a TV Justiça, pertencente ao Supremo Tribunal Federal, não contam com conselhos independentes, subordinando-se diretamente às cúpulas dessas casas.

9. A PALAVRA ENTRETENIMENTO E AS CINCO BANDEIRAS ESTÉTICAS DA TV PÚBLICA [PP. 118-24]

1. Essas bandeiras estéticas foram propostas pelo autor deste livro no artigo "É possível fazer televisão pública no Brasil?", publicado na revista *Novos Estudos Cebrap*, v. 88, pp. 5-18, 2010. As bandeiras estéticas que se seguem foram apresentadas no artigo citado. Antes disso, uma versão preliminar dessas mesmas bandeiras apareceu no texto "A TV pública não faz, não deveria dizer que faz e, pensando bem, deveria declarar abertamente que não faz entretenimento", do mesmo autor, publicado em 2006, pelo Ministério da Cultura, no caderno "I Fórum Nacional de TVs Públicas", pp. 10-3.

PARTE 3
12. PROMOÇÃO PESSOAL EM VOZ ALTA [PP. 137-46]

1. Algumas passagens desta história foram narradas em outro livro meu, *Em Brasília, 19 horas* (Record, 2008), nos capítulos 13 e 14.

PARTE 4
14. A NUMERALHA DE MARACANGALHA [PP. 155-64]

1. *Folha de S.Paulo*, Caderno Poder, p. A5.
2. As agências citadas na reportagem são: Link Bagg, do publicitário Edson Barbosa, e Blackninja, do cientista político Antonio Lavareda.

3. Dados da Secretaria Municipal de Planejamento, Orçamento e Gestão. Disponível em: < http://transparencia.prefeitura.sp.gov.br/contas/Paginas/Lei OrcamentoAnual.aspx>. Acesso em: mar. 2014. A bem da verdade, o leitor interessado em manusear esses dados deve ter um pouco da destreza típica de jornalistas investigativos já familiarizados com as técnicas de reportagem em bancos de dados remotos, própria da Reportagem com Auxílio de Computador (RAC). Uma vez no endereço, escolher o ano que se deseja consultar e, em seguida, abrir a planilha "Base de dados execução" que será salva no seu computador. Ao abrir a planilha, use o filtro do Excel para procurar dentro de "Secretaria Municipal de Comunicação" por "Publicações de interesse do município".

4. "Em SP, R$ 2,4 bi em uma década". *O Estado de S. Paulo*, 11 ago. 2013. Disponível em: < http://www.estadao.com.br/noticias/nacional,em-sp-r-2-4-bi--em-uma-decada,1063027,0.htm>. Acesso em: 1 abr. 2014.

5. As despesas do governo paulista estão disponíveis em: <http://www.fazenda.sp.gov.br/cge2/balanco.asp?tipo=0>. Nela, o pesquisador deve escolher o ano de interesse. Na tela que vai surgir em seguida, clicar em "Outras despesas de correntes" e, na seguinte, em "Aplicações diretas". A tela resultante será: <http://www.fazenda.sp.gov.br/cge2/frdet1.asp?ano=2010&mes=00&per=02&ref=2010&fr=00&rel=02&conta=333900000>. Aí, selecionar os gastos de propaganda (identificados como "Publicidade legal" e "Publicidade e propaganda"). Acesso em: 1 abr. 2014.

6. Os dados constam do site: <http://www.rio.rj.gov.br/web/cgm/exibeconteudo?id=4200347>. São, portanto, informações oficiais. As despesas com publicidade e propaganda aparecem dentro da Controladoria Geral do Município, em "Prestação de contas completa", separadas por ano. Dentro do relatório, buscar por "Publicidade e propaganda" no Item "Execução orçamentária da despesa por projeto e atividade". Acesso em: 1 abr. 2014.

7. "Cabral aumenta gasto com publicidade em 35%". *O Estado de S. Paulo*, 1 ago. 2013, p. A8. Disponível em: <http://www.estadao.com.br/noticias/nacional,cabral-aumenta-gasto-com-publicidade-em-35,752702,0.htm>. Acesso em: 14 abr. 2014.

8. Dados disponíveis em: <http://www.fazenda.rj.gov.br/tfe/web/despesa>. Acesso em: 14 abr. 2014.

9. "Após atos, Cabral sobe em 240% gastos com propaganda". *O Estado de S. Paulo*, 24 ago. 2013, p. A4. Disponível em: <http://www.estadao.com.br/noticias/impresso,apos-atos-cabral-sobe-em-240-gastos-com-propaganda,1067298,0.htm>. Acesso em: 14 abr. 2014.

10. Esses dados estão disponíveis em <http://www.contasabertas.com.br/website/arquivos/1926>. Acesso em: abr. 2014. Para consultar os gastos da

administração direta do governo federal, acessar o Portal da Transparência: <http://www.portaltransparencia.gov.br/planilhas/>. Para dispor das tabelas, o pesquisador deve fazer o download das "Despesas — gastos diretos". Uma vez com as planilhas no computador, pode aplicar um filtro do Excel para selecionar a categoria "publicidade" em meio aos gastos gerais e diversos do governo.

11. "Dilma supera Lula nas despesas com propaganda; juntos, gastaram R$ 16 bi". *O Estado de S. Paulo*, 11 ago. 2013. Disponível em: <http://www.estadao.com.br/noticias/nacional,dilma-supera-lula-nas-despesas-com-propaganda--juntos-gastaram-r-16-bi,1063026,0.htm>. Acesso em: 1 abr. 2014.

12. "Dilma bate recorde em gastos publicitários", *Folha de S.Paulo*, 16 abr. 2014, p. A11.

13. O ranking dos trinta maiores anunciantes de 2013, produzido pelo Ibope, está disponível em: <http://www.ibope.com.br/pt-br/conhecimento/Tabelas-Midia/investimentopublicitario/Paginas/ANUNCIANTES — 30-MAIORES — 1º-SEMESTRE-2013.aspx>. Acesso em: 29 abr. 2014.

14. Disponível em: <http://midiadados.digitalpages.com>. O relatório do boletim *Mídia Dados* que traz os números referentes ao ano de 2010 é a edição de 2011. Os dados sobre os "serviços públicos e sociais" estão na p. 118. Consultado em abril de 2014, quando estava no ar a edição nº 5, de 2013.

15. As duas informações estão disponíveis na p. 116 da edição nº 2 do boletim *Mídia Dados* (edição 2010). Disponível em: <http://midiadados.digitalpages.com>.

16. Para os dados de 2007 e 2008, consultar a Edição nº 1 do boletim *Mídia Dados*, de 2009, p. 96. Disponível em: <http://midiadados.digitalpages.com.br>.

17. O ranking dos trinta maiores anunciantes de 2012, produzido pelo Ibope, está disponível em: <http://www.ibope.com.br/pt-br/conhecimento/tabelasmidia/investimentopublicitario/paginas/anunciantes—30-maiores—2012—ano.aspx>. Acesso em: 30 abr. 2014.

18. Ver os números em <http://www.fas.org/sgp/crs/misc/R41681.pdf>, na p. 4 do relatório *Advertising by the Federal Government: An Overview*.

19. "Câmaras municipais e prefeituras preparam ofensiva publicitária", matéria publicada no jornal *Folha de S.Paulo*, 7 abr. 2014, p. A10.

20. Portal da transparência da cidade. Disponível em: <https://presidentekennedy-es.portaltp.com.br/>. Acesso em: 3 maio 2014.

21. "Município eleva em 400% gasto com publicidade", matéria publicada no jornal *Folha de S.Paulo*, 7 abr. 2014, p. A10.

22. "Vereador diz que, sem divulgação, mandato passa em 'brancas nuvens'", matéria publicada no jornal *Folha de S.Paulo*, em 7 abr. 2014, p. A10.

16. PROPAGANDA OFICIAL, PROSELITISMO E DESINFORMAÇÃO [PP. 169-72]

1. Os dados referentes à participação dos meios no mercado publicitário em 2012 estão na edição nº 5 do *Mídia Dados Brasil 2013*, na p. 46. Disponível em: <http://midiadados.digitalpages.com.br>. Acesso em: 4 maio 2014.

2. Para uma visão geral da penetração das mídias, ver p. 64 da edição nº 5 do *Mídia Dados Brasil 2013*. Disponível em: <http://midiadados.digitalpages.com.br>. Acesso em: 4 maio 2014.

3. "Número de pessoas com acesso à internet no Brasil chega a 105 milhões", texto publicado no site do Ibope em 1º de outubro de 2013. Disponível em: <http://www.ibope.com.br/pt-br/noticias/paginas/numero-de-pessoas-com-acesso-a-internet-no-brasil-chega-a-105-milhoes.aspx>. Acesso em: 4 maio 2014.

4. "Correlação entre voto e tempo de TV é desafio para candidato", publicado no jornal *O Estado de S. Paulo*, 5 ago. 2012. Disponível em: <http://www.estadao.com.br/noticias/impresso,correlacao-entre-voto-e-tempo-de-tv-e-desafio-para-candidato,911311,0.htm>. Acesso em: 5 maio 2014.

17. GOVERNAR É ANUNCIAR [PP. 173-8]

1. "Lula coloca publicidade estatal em 8094 veículos", de Fernando Rodrigues, publicado no jornal *Folha de S.Paulo*, 28 dez. 2010, p. A4.

2. "Em carta de demissão, Helena Chagas rebate críticas do PT", *O Estado de S. Paulo*, 31 jan. 2014. Disponível em: <http://www.estadao.com.br/noticias/nacional,em-carta-de-demissao-helena-chagas-rebate-criticas-do-pt,1125407,0.htm>. Acesso em: 5 maio 2014.

18. IMPLICAÇÕES ÉTICAS [PP. 179-87]

1. Ver levantamento realizado pelo Estadão Dados, publicado em *O Estado de S. Paulo*, 15 set. 2012, p. A10. Ver, ainda, na *Folha de S.Paulo*, 8 maio 2014, caderno Poder, p. A13: "Construtoras bancam até 75% das doações ao PT", de Gabriela Terenzi.

PARTE 5
22. QUE TAL UM POUCO DE "JORNALISMO JORNALÍSTICO"? [PP. 206-11]

1. Luís Milanesi. *Ordenar para desordenar*. São Paulo: Brasiliense, 1996, p. 252.
2. Mayra Rodrigues Gomes. *Poder no jornalismo*. São Paulo: Hacker Editores, Edusp. 2003. p. 45-6.
3. Do lado do Ministério da Cultura, a convocação dos fóruns foi conduzida por Mário Borgneth, praticamente em dupla com Delcimar Pires Martins, da presidência da República, sob a supervisão de Orlando Senna, que era o secretário do Audiovisual no MinC.

CONCLUSÃO [PP. 213-225]

1. Ver, sobre isso, o editorial "Pior do que parece", publicado em *O Estado de S. Paulo*, 27 abr. 2014, p. A3.
2. "Em Minas, PT contesta anúncio de gestão tucana", reportagem de Ezequiel Fagundes e Letícia Lins, em *O Globo*, 11 maio 2014, p. 10.
3. A necessidade premente de reformar os marcos regulatórios do mercado de radiodifusão no Brasil não é tema deste livro. Não obstante, seria pertinente lembrar que o autor já publicou diversos trabalhos a respeito. Ver, entre outros, "A agenda certa (numa hora estranha e num lugar descolado)". *Interesse Nacional*, v. 12, pp. 9-15, 2010.

Índice remissivo

Abap (Associação Brasileira de Agências de Publicidade), 163
ABC (rede de TV americana), 95
Acerp (Associação de Comunicação Educativa Roquette Pinto), 14, 112-3
Acre, 149, 150
administração pública, 66, 79, 152, 156, 165, 167, 179
Agência Brasil, 113, 193
agências de publicidade, 34
"agenda pública midiática", 44-5, 230n
aids, 23, 43
Alagoas, 141
Alckmin, Geraldo, 156, 214
Alemanha, 90, 96
América Central, 28
América do Sul, 28
Anastasia, Antonio, 220
Anchieta, José de, 104
anunciantes, 75, 78, 82, 88, 89, 92, 110, 159, 161, 170, 235n
anúncios publicitários, 86, 99

Aparecida do Norte, 104
Argentina, 40, 229n
audiência, 45, 74, 82, 85, 87, 92, 102, 124, 138, 145, 175, 183, 211, 215, 221; *ver também* ouvintes; telespectadores
autonomia administrativa, 77, 79
Azerbaijão, 74

Bahia, 141
Banco do Brasil, 158, 161
Barbosa, Rui, 156
Barendt, Eric, 80-1, 230n
BBC (British Broadcasting Corporation), 86, 89, 90, 211, 231-2n
Belarus, 74
bibliotecas públicas, 206
Blatter, Joseph, 132
Boletim Mídia Dados, 160-1, 170, 235-6n
"Brasil, um País de Todos" (slogan), 57, 167, 193

Brasília, 13, 103, 112, 131-6, 139, 149, 197, 209
Breve, Nelson, 114, 232*n*
Bueno, Wilson da Costa, 53, 55-6, 228*n*
burguesia, 202
burocratas, 14, 109, 174-5, 194, 219
cabide de emprego, 14
Cabral, Sérgio, 157
Café com o Presidente (programa de rádio), 193
"caixa dois", 34
Caixa Econômica Federal, 159, 161
Câmara dos Deputados, 77, 137, 141, 146
Câmara Municipal de São Paulo, 167, 168
Camargo, Luciano, 134
Camboja, 74
campanha eleitoral, 23, 34-5, 58, 156, 169, 176-7, 180-2, 184-5, 217; *ver também* propaganda eleitoral
campanhas institucionais, 78
Campos, Eduardo, 155
Canadá, 28, 96
Canal 7 (Argentina), 40
Cantareira, represa da *ver* Sistema Cantareira
capital, 55, 82, 95, 181, 187, 199, 214, 217
capitalismo, 95
Carta Magna *ver* Constituição Federal (1988)
Casas Bahia, 159, 161-2
CBS (rede de TV americana), 95
CDHU (Companhia de Desenvolvimento Habitacional e Urbano), 156
Cemig (Companhia Energética de Minas Gerais), 220

"chapa-branca", 137, 141, 150-1, 193, 199, 204
Chile, 92
China, 73
cinema, 116
clientelismo, 14, 39, 66, 198
Código Brasileiro de Telecomunicações, 96
cofres públicos, 64, 218-9
Colômbia, 41
compromisso ético, 51; *ver também* ética
"comunicação de interesse público", 53-6, 65, 67, 228*n*; *ver também* interesse público
comunicação governamental, 25, 31, 34, 156, 186
comunicação oficial, 17, 20-1, 28, 32-3, 35, 179-80, 182, 215
comunicação pública, 13-7, 25-6, 30, 37, 39-69, 86, 101, 108, 113-4, 136, 138, 143, 147, 191-2, 195, 197, 206, 217, 218, 223, 225, 227-8*n*
Comunicação pública: Estado, mercado, sociedade e interesse público (org. Duarte), 50, 227-9
comunicação social, 15, 44, 50, 55, 57, 91, 94, 96, 99, 115, 219, 224
concorrência desleal, 88, 145
Congresso Nacional, 97, 100, 112, 142, 144-5, 148, 151, 220, 222, 225
Conselho Curador da Fundação Padre Anchieta, 101-4, 112; *ver também* Fundação Padre Anchieta
Constituição Federal (1988), 46-8, 96-9, 165-7, 169, 208
construção civil, 35
Conversa ao pé do Rádio (programa de rádio), 193
Copa das Confederações, 132

Correios, 66, 159
corrupção, 106, 111, 223
CPTM (Companhia Paulista de Trens Metropolitanos), 156
Criança Esperança (campanha), 43
Cuba, 73
culto à personalidade, 186
Cultura Brasil (rádio), 102
Cultura FM, 102
cultura nacional, 81
cultura política, 46, 54, 76, 84, 148, 170, 209, 218

Datafolha, 131
debate público, 32, 84-5, 108, 202, 205-6
demagogia, 122
democracia, 13, 25-9, 31, 35, 55, 61, 74, 82, 84, 91, 94-5, 124, 140, 145, 167, 176, 202-4, 206-7, 209-10, 223, 230*n*
"deontologia da comunicação pública", 52
Dersa (Desenvolvimento Rodoviário S/A), 156
desvios de verbas, 35
Diário de Notícias (jornal português), 86
Diário Oficial da União, 219
Dilma, presidente *ver* Rousseff, Dilma
Dinamarca, 90
dinheiro público, 19, 22, 27-8, 35, 65-6, 110, 133, 148, 165, 186, 197, 210, 217, 220, 225; *ver também* cofres públicos; erário; recursos públicos; verbas públicas
DIP (Departamento de Imprensa e Propaganda), 137, 148

direito à informação, 17, 48, 51, 58, 60, 67, 75, 108, 139, 202
ditadura militar, 30, 32, 34, 101, 143, 150
diversidade de programação, 81
DOI-Codi, 109
Duarte, Jorge, 50-1, 227-9*n*

EBC (Empresa Brasil de Comunicação), 14, 76, 112-7, 138, 209, 232*n*
educação, 24, 83, 134-5, 178
eleições, 21-3, 67, 144, 146, 184
elites, 199
emissoras comerciais, 81-2, 88, 98-9, 110, 148, 221
emissoras estatais, 73, 75-7
emissoras privadas, 40, 150, 229*n*
emissoras públicas, 13, 24, 28, 35, 71, 73-5, 78-82, 84-92, 94-5, 99-102, 104-6, 108-11, 113-4, 116-7, 119, 125-7, 139, 209, 221, 223-5, 229*n*, 232*n*
empreiteiras, 34, 181, 195
empresas privadas, 51, 64, 95, 127
empresas públicas, 51, 53, 160, 162, 197, 224
entretenimento, 85, 88, 108, 118, 120, 122-3, 222, 233*n*; *ver também* indústria do entretenimento
Equador, 74
erário, 21, 35, 58, 65, 159, 165, 178, 217, 221, 223; *ver também* cofres públicos; dinheiro público; recursos públicos; verbas públicas
Escola de Comunicações e Artes (ECA-USP), 13, 58, 228*n*
esfera privada, 46, 54
esfera pública, 42, 44-6, 50, 54, 60-1,

64-6, 78, 82, 84-5, 94-5, 125, 197, 230n
Espanha, 86
Espírito Santo, 163
Estádio Mané Garrincha (Brasília), 132
Estado de S. Paulo, O, 133, 157-8, 172, 232n, 234-7n
Estado, 15, 25-6, 36, 40, 44, 47-9, 54-5, 57-61, 64, 66-9, 75, 77-8, 86, 89, 91-2, 98, 105, 159, 172, 175-6, 180, 182, 185, 199, 202, 204-6, 222, 225
Estado Novo, 30, 148
Estados Unidos, 28, 80, 91-2, 95-6, 102, 108, 127, 162, 182, 211
estatização, 162, 173, 182
estetização do Estado, 27, 30-1, 182
ética, 32, 54, 104, 122, 182, 185-6
Etiópia, 74
Europa, 74, 80, 84, 87, 102, 108, 127, 170, 182
Executivo, Poder, 15, 21, 30, 35, 46, 53, 77, 99, 102-3, 105, 115, 137-9, 144, 146, 151, 160, 162, 166, 169, 220

fanatismo, 182
Faoro, Raymundo, 7
fascismo, 27, 182
FCC (Federal Communications Commission), 91, 95, 231n
Ferreira, Juca, 192, 194
fetichismo, 32
Fifa (Federação Internacional de Futebol), 132
finalidade pública, 47, 67, 175
financiamento, 65, 77-8, 80-1, 86-8, 90-2, 106, 109-10, 125
Finlândia, 90
fins partidários, 25, 66
fins privados, 25, 66, 197

Folha de S.Paulo, 105, 109, 133, 155, 158, 163-4, 174, 232-3n, 235-6n
Fórum Nacional das TVs Públicas, 207
FPM (Fundo de Participação dos Municípios), 133-4
França, 86, 96
Francisco, papa, 104
Franco, Bernardo Mello, 155
Fundação Padre Anchieta, 14, 101-5, 107, 109-10, 112, 117, 232n; ver também TV Cultura
Fútbol para Todos (programa de TV argentino), 40
futebol, 40

games interativos, 45
Garcez, José Roberto, 207
Garotinho, Rosinha, 157
Gazeta do Rio de Janeiro, A, 219
Genoino, José, 142
Genomma (laboratório), 159
gestão da cultura, 191-2, 196-7, 204, 207
Gil, Gilberto, 191-2, 194, 197, 211
Globo, O, 133, 220, 237n
Gomes, Carlos, 137, 140
Gomes, Gláucia, 134-5
governantes, 16-7, 20-1, 26, 28, 35, 52, 59-60, 68, 95, 124, 143, 147, 165, 168-9, 177-8, 181, 206, 219, 221, 225
governismo, 14, 68, 104-6, 111, 192, 203-4
governo federal, 40, 51, 57, 103, 113, 132, 135, 138, 141-2, 150-1, 158-9, 161-3, 170, 198-9, 220, 235n; ver também Presidência da República
gozo imaginário, 121
Granja do Torto, 191, 211
Grécia Antiga, 182

Grupo de Mídia São Paulo, 160
Guarani, O (Gomes), 137, 139-40
Guiness Book, 137
Gushiken, Luiz, 192

Haswani, Mariângela Furlan, 57-8, 228n
Helena, Heloísa, 141-2
Herzog, Vladimir, 109
homossexuais, 45
Hora do Brasil, A, 137; ver também *Voz do Brasil, A*
horário eleitoral, 23, 99, 144, 170, 172, 177
horário nobre, 44, 148, 215
Hyundai CAOA, 161

Ibope (Instituto Brasileiro de Opinião Pública e Estatística), 159-61, 171, 235-6n
identidade nacional, 81
idolatrias, 29, 120, 186, 197
igrejas, 69, 97-9, 104, 201, 222
Iluminismo, 194, 207
imagem do governo, 23, 29, 58
imaginário nacional, 21, 170
impostos, 24, 64, 78, 92; ver também taxas
imprensa, 21, 36, 73-5, 117, 126, 173-6, 186, 202-3, 206-10, 219, 221-3, 225; ver também mídia
independência administrativa, editorial e financeira, 125, 126
Indicadores de qualidade nas emissoras públicas – uma avaliação contemporânea (Unesco), 114, 229n, 232n
indústria do entretenimento, 31, 83, 119-21; ver também entretenimento
Inglaterra ver Reino Unido
instituições públicas, 49, 61

interesse coletivo, 48-9, 52, 54
interesse privado, 34, 50, 54, 66
interesse público, 17, 35, 46-54, 56-8, 64, 69, 76, 80, 84, 98, 159, 172, 191, 203-4; ver também "comunicação de interesse público"
interesses partidários, 14, 24, 67, 97, 105, 203
interesses pessoais, 28, 47, 49, 227n
internet, 15, 45, 91, 96, 113, 151, 171, 186, 194, 236n
intervalo comercial, 66
Irã, 74

Japão, 80, 90, 132
Jaramillo López, Juan Camilo, 41-3, 45, 227n
jingles, 22
jornais, 15, 21, 35, 133, 141, 171, 173-4, 193, 202, 210, 213, 221
Jornal da Globo (telejornal), 133
jornalismo, 83, 92, 107-9, 125, 139, 176, 189, 200, 203, 206-7, 209-10, 221, 232n, 237n
jornalistas, 15, 53, 109, 140, 192, 234n
Judiciário, Poder, 15, 53, 77, 137, 149, 151, 223, 225

Kassab, Gilberto, 168
Knapp, Carlos, 203
Koçouski, Marina, 56, 228-9n

laços sociais, 49
Legislativo, Poder, 15, 46, 53, 77, 82, 145-6, 151
Lei de Acesso à Informação (2011), 48, 163
Lei Municipal número 14.166 (São Paulo — 2006), 168

Lei Orgânica do Município (SP), 167
leitura/leitores, 171
liberdade de expressão, 60, 64, 75, 85, 114, 126, 202
Lima, Jorge da Cunha, 102
linguagem da mercadoria, 31-2
lógica publicitária, 185-6
logotipos, 68, 166, 168, 185, 224
lucro, 16, 40, 45, 54, 61, 64, 75, 82, 126, 229n
Lula, presidente *ver* Silva, Luiz Inácio Lula da

Magalhães, Fabio, 102
Mancini, Paolo, 60-2
mandonismo, 66
maoísmo, 27
Maranhão, 113
Marcha dos Prefeitos (Brasília), 131, 133-4, 136
marco regulatório, 95, 99-100, 117, 222, 231n
marketing, 15, 29, 34, 146, 177, 179-81, 215
Matos, Heloiza, 60, 229n
meios de comunicação, 35, 91, 95-6, 118, 144, 178, 182, 208, 216, 220-2
Mendel, Toby, 80, 229-30n
Mendonça, Duda, 193
mercado publicitário, 87, 88, 117, 161, 170, 236n
Mesquita, João Lara de, 143
Metrô (SP), 156
mídia, 16, 31, 51, 174, 186, 199, 222
Mídia Dados ver Boletim Mídia Dados
Milanesi, Luís, 207
Minas Gerais, 164, 167, 220
Minha Casa, Minha Vida, Programa, 133, 135-6

Ministério da Cultura (MinC), 116, 170, 192, 194, 197, 207, 209, 232-3n, 237n
Ministério Público, 78, 168
Miranda, Carmen, 20
Missa de Aparecida do Norte, 104
Moçambique, 74
monopólios, 91, 95-7, 202, 205, 222
Monteiro, Luiz Fara, 139
movimentos sociais, 44-5, 51
MultiCultura (canal), 102

nacionalismo, 32, 74, 81
nazismo, 27
NBC (rede de TV americana), 95
NBr (canal a cabo), 113
Neves, Aécio, 167, 220
Nicarágua, 74
Noruega, 90
notícias, 22, 36, 74, 85-6, 92, 96, 113, 131-3, 141, 193, 215, 230n
novelas televisivas, 66
NPR (National Public Radio), 91-2, 95, 211
Núcleo de Comunicação Pública da Secom, 50; *ver também* Secom

objetos de consumo, 29, 32
obras sociais, 33, 35
oficialismo, 141, 192, 204
oligopólios, 91, 95-7, 222
opinião pública, 64, 67, 84, 131, 180, 194, 196, 205, 207, 221
orçamento publicitário, 89, 162
Orttung, Robert W., 74
Oscip (Organização da Sociedade Civil de Interesse Público), 78
Ouro Preto (MG), 164
outdoors, 43, 66

ouvintes, 43, 79, 82, 92, 136-9, 141, 144, 146, 149-51, 211
Ovídio, 7

PAB (Piso da Atenção Básica), 136
PAC (Programa de Aceleração do Crescimento), 57
Palácio da Alvorada, 191
Palácio da Guanabara, 157
Palácio do Planalto, 114, 117, 172, 174, 193, 207, 221
Palácio dos Bandeirantes, 103-4, 109, 115
Papathanassopoulos, Stylianos, 90, 231*n*
partidarismo, 68, 105, 203-4
patrimonialismo, 7, 25-7, 143, 198, 223
PBS (Public Broadcasting System), 80, 91, 95, 211
peças publicitárias, 24, 55, 121, 169, 176
Pelajo, Cristiane, 133
Pellegrino, Nelson, 141
Pernambuco, 155
Petrobrás, 158-61
Pitangueiras (SP), 164
Platão, 120
poder político, 181, 219
poder público, 21, 36, 78, 173, 176, 179, 196
Portales Cifuentes, Diego, 87, 231*n*
Portugal, 85
Presidência da República, 50, 53, 103, 115, 134, 155, 158, 208, 237*n*; *ver também* governo federal
Presidente Kennedy (ES), 163
Previdência Social, 142
privatização, 85, 182, 185
Programa Nacional, 137; *ver também Voz do Brasil, A*

programas de auditório, 45
propaganda comercial, 180, 182, 185
propaganda eleitoral, 22, 171, 180, 182-3, 185
propaganda governamental, 21, 23, 30, 35, 116, 163, 208
propaganda oficial, 59, 116, 167, 176, 222, 236*n*
proselitismo, 20, 28, 36, 39, 76, 99, 107, 137, 144, 159, 162, 168-9, 172, 220, 223, 236*n*
PSB (Public Service Broadcaster), 80, 155
PSDB (Partido da Social Democracia Brasileira), 103, 220
PT (Partido dos Trabalhadores), 103, 141-2, 149, 230*n*, 235-7*n*
Public Service Broadcasting: a comparative legal survey (Mendel), 80, 229-30*n*
publicidade, 14-6, 20, 22, 24-5, 28-31, 34-5, 45, 47-8, 51, 57-8, 60, 66, 75, 86-92, 110, 117, 148, 153, 155-8, 160-7, 169-70, 172-4, 176, 178-80, 182-6, 208, 217, 220-1, 223-5, 234-6*n*
publicidade comercial, 25, 31, 57, 66, 91, 169, 172, 182, 184, 225
publicidade oficial, 14, 16, 24, 30, 117, 155-6, 163, 166, 176, 178, 186, 187, 221, 223
Putin, Vladimir, 73

rádio, 14-6, 22, 35, 66, 73-6, 84-5, 89, 91, 97-9, 102, 113, 117, 134, 136-9, 144-5, 148-51, 186, 192-3, 208-9, 219, 222, 224
Rádio MEC, 113
Radioagência Nacional, 113

Radiobrás, 13, 103, 112-3, 115-6, 138--9, 143, 192-4, 196-7, 200, 203, 207-9
radiodifusão comercial, 91
radiodifusão pública, 80-2, 86, 91, 95, 126
rádios piratas, 74
reality shows, 44-5
Rebelo, Aldo, 143
recursos públicos, 13-4, 21, 26, 40, 54-5, 64, 66-7, 69, 110, 126, 174, 210, 214; *ver também* cofres públicos; dinheiro público; erário; verbas públicas
Rede Globo, 43
regimes totalitários, 85
regulação democrática, 94
Reino Unido, 80, 86, 89, 90, 95-6, 211
relações de consumo, 29, 182-3
religião, 19, 98, 182, 206
"republicano", uso do termo, 198-202
retórica, 23, 57, 182, 218
Retratos da Leitura no Brasil (MinC — 2011), 170
Revolução Industrial, 118
Ribeirão Preto (SP), 164
Rio de Janeiro, 14, 113, 116, 148, 157, 177, 209, 213-4, 219
Rio Grande do Sul, 19
Rodrigues, Fernando, 158, 163, 236*n*
Rodrigues, Lúcia Valentim, 109
Rondônia, 19
Rousseff, Dilma, 131-6, 144, 157-8, 167, 220, 235*n*
Royal Tulip Hotel (Brasília), 131
RTP (Rádio e Televisão de Portugal), 85, 230*n*
RTVE (Radio Televisión Española), 86, 230*n*

Ruanda, 74
Rússia, 73

Sá, Sérgio, 139
Sabesp, 156, 213-9
Sadi, Andréia, 155
São Paulo, 13-4, 57-8, 101-3, 109, 112, 143, 150, 156, 163, 167-8, 177, 213, 217, 220
Sarkozy, Nicolas, 86
Sarney, José, 193
saúde pública, 23-4, 33, 84, 134-6, 139, 177-8
Savazoni, Rodrigo, 207
Sayad, João, 103, 105-6
Scarpin, Patrícia, 135, 136
Secom (Secretaria de Comunicação Social da Presidência da República), 50, 115-7, 158-9, 192, 208-9
Secretaria de Assuntos Estratégicos, 198
Segunda Guerra Mundial, 85
Seixas, Luca, 139
semântica, 23, 39, 43, 198
Senado, 77, 137, 146
sensacionalismo, 122
Serra, José, 103, 156
serviços públicos, 28, 53, 57, 81-2, 84, 86, 97-9, 127, 135, 160, 208
servidores públicos, 47, 141-2, 166, 168
Siafem (Sistema Integrado de Administração Financeira de Estados e Municípios), 157
Silva, Luiz Inácio Lula da, 103, 141, 158, 167, 174, 191-3, 198, 203, 209, 236*n*
Sistema Cantareira (represas de São Paulo), 213, 215-6
slogans, 31-2, 57, 68, 75, 162, 167-8, 185, 217, 224
sociedade civil, 25, 69

sociedade livre, 82, 197
stalinismo, 27, 182
Suécia, 90
Supremo Tribunal Federal, 76, 233n
taxas, 24, 64, 78, 82, 89-90
telespectadores, 42, 79, 82, 102, 107-8, 113, 119, 123, 171, 177, 215, 232n
televisão, 13-5, 45-6, 58, 73, 75, 84-5, 90-1, 95, 97-9, 113, 117-8, 121-4, 144-5, 148, 151, 170-1, 181, 183, 186, 202, 208, 222, 224, 231-2n; *ver também* TV comercial; TV pública
Telles, Lygia Fagundes, 102
TF1 (emissora francesa), 86
Tietê, rio, 105
tráfico de influência, 89, 111
Tribunal de Justiça da União Europeia, 87
Tribunal Regional Eleitoral, 220
TSE (Tribunal Superior Eleitoral), 144
Turquia, 74
TV Brasil, 14, 76, 112-3, 117, 209
TV Câmara (Câmara dos Deputados), 76, 233n
TV comercial, 83, 90, 119, 121, 123
TV Cultura, 14, 101, 105, 107-11, 115, 231-2n
TV Justiça (Supremo Tribunal Federal), 76, 233n
TV Nacional (Distrito Federal), 113
TV pública, 76, 82, 87, 90, 109, 117-24, 207, 232-3n

TV Rá Tim Bum!, 101
TV Senado, 77, 233n
TVE (Maranhão), 113
TVE (Rio de Janeiro), 14, 113, 116, 209, 232n
TVE (Rio Grande do Sul), 232n
TVN (Televisión Nacional de Chile), 92, 231n

Ucrânia, 74
ufanismo, 32, 137
Unesco, 171, 229n, 232n
Unilever, 159, 161
Universidade Externado (Colômbia), 41
Univesp TV, 101
utilidade pública, 24, 49, 59, 67, 159

vacinação, 45, 59, 169, 183
vaidade, 13, 17, 30, 107, 138, 143, 147
Vargas, Getúlio, 30, 32, 137
verbas públicas, 26-7, 30, 36, 54, 66, 78, 88, 222; *ver também* cofres públicos; erário; dinheiro público; recursos públicos
Vichi, Bruno, 207
Vietnã, 74
Voz do Brasil, A, 14, 30, 134, 136-43, 145-51, 192-3, 219, 221, 225

Walker, Christopher, 74

Zémor, Pierre, 49, 57, 59-60, 227-8n
Zimbábue, 74

1ª EDIÇÃO [2015] 1 reimpressão

ESTA OBRA FOI COMPOSTA PELA SPRESS EM MINION E IMPRESSA EM OFSETE
PELA PROL EDITORA GRÁFICA SOBRE PAPEL PÓLEN SOFT
PARA A EDITORA SCHWARCZ EM ABRIL DE 2016